Caderno Italiano

Coleção Paralelos
Dirigida por J. Guinsburg

Equipe de realização – Edição de texto: Adriano C. A. e Sousa; Revisão: Iracema
A. de Oliveira Produção: Elen Durando, Lia Marques, Luiz Henrique Soares,
Ricardo W. Neves e Sergio Kon.

Boris Schnaiderman

Caderno Italiano

PERSPECTIVA

CIP-Brasil. Catalogação na Publicação
Sindicato Nacional dos Editores de Livros, RJ

S383c

Schnaiderman, Boris, 1917-
Caderno italiano / Boris Schnaiderman. - São Paulo : Perspectiva, 2015.
192 p. : il. ; 21 cm. (Paralelos)

1 reimpr. da 1 ed. de 2015
ISBN 978-85-273-1031-4

1. Brasil. Exército. Força Expedicionária Brasileira. 2. Guerra Mundial, 1939-1945 - Brasil. 3. Guerra Mundial, 1939-1945 - Campanhas - Itália. 1. Título. 11. Série.

15-22564

CDD: 940.5381
CDU: 94(81).082/.083

08/05/2015   18/05/2015

1ª edição – 1ª reimpressão

Direitos reservados à

EDITORA PERSPECTIVA S.A.

Av. Brigadeiro Luís Antônio, 3025
01401-000 São Paulo SP Brasil
Telefax: (11) 3885-8388
www.editoraperspectiva.com.br

2015

A Jerusa

Agradecimentos

Devo a Jerusa Pires Ferreira uma leitura atenta deste livro e algumas correções valiosas. Foi também sugestão sua o título do último dos trabalhos incluídos: "Trancos e Barrancos".

Aurora Fornoni Bernardini me ajudou a corrigir alguns nomes italianos e deu boas sugestões de pormenor, em relação ao texto de "Major Passos".

Bruno Gomide me conseguiu materiais indispensáveis para "Os Perigos da Ecologia".

Devo também um agradecimento especial a Adriano C. A. e Sousa, cuja análise e competência foram decisivas no acabamento deste volume.

Aqui fica, pois, o meu muito obrigado!

Sumário

Nota Prévia
11

1.   Baixando a Cabeça
13

2.   Rufa, Tambor!
21

3.   De Absurdo em Absurdo:
Um Filme Sobre a FEB
62

4.   Legados da Ficção e da Memória
65

5.   No Limiar da Palavra
70

6.   Andanças no Purgatório
74

7.   Um Enigma da História
92

8.   O Que Fizeram da Nossa Vitória?
96

9.   Quantas Faces Tem a Glória?
98

10.   Caderno Italiano
105

11.   Caminhos da Paixão, Caminhos da Dúvida
122

12.   Major Passos
128

13.   Verdades Que Doem: Um Dossiê Sobre a FEB
133

14.   No Cerne do Humano:
As Crônicas de Guerra de Rubem Braga
138

15.   Os Perigos da Ecologia
147

16.   Trancos e Barrancos
154

■   NOTAS,
175

17.   Álbum de Retratos
179

Nota Prévia

Pode até parecer estranho: tantos anos depois de publicar meu livro de ficção sobre a FEB, *Guerra em Surdina*, que saiu em 1964 e teve ao todo quatro edições, venho agora a público trazendo estas páginas de pura e simples narração autobiográfica. Acontece que aquele volume teve lastro em minha experiência real: os fatos ali narrados sucederam ora comigo, ora com algum de meus companheiros, ou pelo menos poderiam ter acontecido e foram imaginados por mim.

Nestas circunstâncias, ao retomar o relato dos fatos ocorridos, fica muito difícil evitar algumas repetições. Foi por este motivo que evitei incluir, a não ser ligeiramente, textos sobre a viagem no navio-transporte norte-americano, a passagem por Nápoles, a permanência na cratera de um vulcão extinto e os primeiros tempos em ação, num setor menos perigoso que os do rio Serchio e do Monte Castelo, em que atuaríamos depois.

Acontece, porém, que nós outros, ex-combatentes, temos o dever de vir a público, sempre que possível, e prestar nosso depoimento em face da incompreensão generalizada em relação ao nosso desempenho na Itália. Que se afirme tratar-se de um setor de combate relativamente secundário, se pensarmos na Frente Russa ou no desembarque na Normandia, tudo bem, nada a objetar. Mas não pensar um pouco sequer no sacrifício de tantos jovens e no que isto significou na vida de cada um é um verdadeiro absurdo.

Lembrando agora meus companheiros, cada vez menos numerosos, faço questão de divulgar estes meus relatos.

Aliás, toda vez que saía uma edição de *Guerra em Surdina*, promoviam-se discussões sobre o livro e sempre surgia alguém com a objeção: "Por que você não escreveu simplesmente sua autobiografia?"

Creio que desta vez, passados tantos anos, ficará mais claro o motivo[1].

1. Baixando a Cabeça

I

Quando eu estava no segundo ano da Escola Nacional de Agronomia, no Rio de Janeiro, e morava com meus pais, minha irmã, meu cunhado e o filho deste, de um casamento anterior, George, apelido Harry (que se tornava Gári, na pronúncia russa usada em casa), em um bangaló modernoso, na esquina da rua Nascimento Silva (hoje, Vinícius de Moraes) e rua do Redentor, no bairro de Ipanema, no Rio de Janeiro.

Realmente, tudo foi muito estranho. Antes de nos instalarmos ali, meus pais, minha irmã e eu ocupávamos um apartamento com sala e dois quartos num prédio da rua Constante Ramos, perto do Posto 4, em Copacabana, onde eu dormia no sofá da sala. Não tinha sequer uma escrivaninha e meus livros e cadernos tanto escolares como de tentativas "literárias", em prosa e verso, ficavam trancados numa gaveta da sala, em meio às gavetas de toalhas e guardanapos, onde foram devassados uma vez por uma amiga xereta de minha irmã, aliás, residente em São Paulo, e que estava passando uns dias em nossa casa, dormindo no quarto de Berta.

Aquele bangaló tinha dois andares e, além de um quartinho no topo, praticamente um cochicholo, onde dormia uma das empregadas, no segundo andar havia uma porta divisória, que separava a "parte nobre" da casa dos compartimentos da criadagem, dois de cujos quartos, dos melhores, eram ocupados por mim e por Harry. Eu tinha como encargo dar-lhe aulas de complementação, pois, recém-chegado de Paris, onde tinha vivido com a avó materna, estava enfrentando muitas dificuldades na escola. Aliás, de modo geral, não parecia muito atilado e suas dificuldades de aprendizagem eram agravadas por um sistema opressivo em casa. Seu pai e minha irmã se intrometiam em seus trabalhos escolares e interferiam nas aulas que eu lhe ministrava.

Lembro-me de meu pai me passando uma bronca:

– Não quero que você se dê com este rapaz. Ele é um depravado, que vem de Paris, e sei lá em que companhias andou!

Mas, na realidade, era um jovem quieto e solitário e que estava muito atrasado em questões de sexo.

Eu acabava fazendo parte de seu aparelho repressor, mas, apesar de tudo, criou-se entre nós dois um clima de camaradagem e passou a apoiar-se em mim e falar-me de seus problemas.

Como lembrança desta amizade, conservo até hoje, na biblioteca, um presente seu: o livro, em dois volumes encadernados, de autoria de Eugène Geruzez[2] e que tem uma dedicatória carinhosa. Quer dizer, apesar de tudo, ele me considerava um amigo em quem podia apoiar-se. E eu me lembro, realmente, de longas caminhadas que dávamos de noite, pelas ruas de Ipanema, e do cafezinho que tomávamos em algum botequim.

Embora morássemos naquele palacete modernoso, Harry e eu levávamos uma vida de pobre. Eu me deslocava sempre de bonde e procurava economizar cada tostão. O dinheiro para as minhas despesas cotidianas provinha de aulas particulares que eu ministrava a estudantes secundaristas em dificuldades.

Para cúmulo do azar, Harry foi atropelado quando estava em companhia do pai, numa terça-feira de carnaval, sendo levado para o pronto-socorro municipal. Anos mais tarde, perdi o contato com ele, devido a minha residência, quatro dias por semana, na sede de meu emprego. Mas eu o encontraria, casualmente, na rua, num fim de semana. Estava trabalhando num escritório, num cargo bem subalterno, e ganhando uma ninharia. Depois de voltar da guerra, perguntei por ele aos meus pais e disseram que havia falecido, devido a um mal provocado por aquele atropelamento.

Mas voltemos a um período anterior. Depois de algum tempo, meu pai acabou instalando-se em Porto Alegre, para onde minha mãe viajaria passados alguns meses.

Nesse ínterim, no entanto, um cataclismo desabou sobre nossas cabeças.

Uma tarde eu voltava das aulas na Escola de Agronomia e abri suavemente a porta de casa. Logo acorreu, bem na entrada, um rapaz moreno, sem paletó, de suspensório e revólver bastante volumoso na cintura.

Intrigado, perguntei:

– Onde estão minha irmã e minha mãe?

– Elas foram prestar declarações no DOPS e, quando voltarem, o senhor também será levado para lá.

Quando ele acabava de dar esta explicação, foi aproximando-se de nós um homem negro, igualmente sem paletó e de revólver na cintura.

Fui entrando e me sentei na sala.

Não havendo clima para outra ocupação, abri o jornal do dia e fui lendo.

Num dado momento, levantei-me e me dirigi ao banheiro. O homem negro me acompanhou, a mão em cima do revólver, e ficou esperando à porta. Era evidente, pois, a minha condição de prisioneiro.

Tendo acabado de ler o jornal, fiquei à toa, sentado no divã da sala, sem trocar palavra com meus carcereiros.

Depois que anoiteceu de vez, um carro parou à porta do bangaló. Saímos e eu vi descerem do carro minha mãe e minha irmã.

Minha mãe me disse, em português:

– Agora, você vai lá na polícia prestar declarações. Eles certamente querem saber o que você anda lendo, o que pensa da vida.

Depois que elas entraram em casa, meus acompanhantes me encaminharam para o carro, que se abalou para o DOPS, na rua dos Gusmões, próximo do Centro.

Outros investigadores me cercaram, e com eles estava um rapaz judeu, magro e de ar sombrio.

Subimos a um dos andares do prédio e entramos numa sala, onde havia diversas mesas com funcionários e máquinas de escrever. Junto a uma das mesas estava sentado meu cunhado e, pouco adiante, seu filho. Meu cunhado e eu trocamos umas poucas palavras em russo, mas bem laconicamente, para não chamar a atenção. Depois, ficamos em cantos opostos da sala.

Passadas umas duas horas, quando meu cunhado e seu filho não estavam mais na sala, um escrivão veio falar comigo. Sobraçava um vasto cadernão, que parecia livro de contabilidade, e foi me dizendo, com a maior delicadeza:

– A senhora sua mãe nos contou que vocês vieram para o Brasil, fugidos dos horrores do sistema comunista. O senhor me confirma isso?

Ora, que tinha eu a dizer depois desse depoimento de minha mãe? Ele me fez apor a minha assinatura, confirmando a exatidão daquele texto.

Depois de alguma espera, acabaram me levando de volta.

Chegando em casa, corri imediatamente ao meu quarto. Lá estavam os meus papéis todos remexidos, faltando vários cadernos. No entanto, tudo me foi devolvido depois de alguns dias, quando a polícia chamou meu cunhado e permitiu que ele recebesse todos os papéis de volta.

Na noite seguinte à nossa detenção, eu estava no quarto quando meu cunhado entrou, foi à estante e apanhou nela uma coletânea chamada *Contos Soviéticos*, editada pouco antes das investidas da polícia contra as livrarias.

– Eu não posso ter materiais como este na casa em que moro.

Lembro-me de que não disse palavra e deixei, sem vacilar, que ele ficasse com o voluminho em questão.

Este episódio me encheu de vergonha e me fez refletir sobre o momento que estávamos vivendo.

Meu cunhado era o diretor-presidente, no Brasil, da JCA (dizia-se ICA), a Jewish Colonization Association, organização criada para gerir os fundos que Maurice Hirsch, o barão Hirsch, um judeu alemão, destinara à criação de colônias agrícolas em diversos países, pois, não concordando com os projetos de Theodor Herzl, da criação de um Estado judeu na Palestina, ele deixou sua fortuna para colônias a serem criadas em outros países. A instituição prosperou, sobretudo na Argentina. No Brasil, fundou-se uma colônia em Passo Fundo, no Rio Grande do Sul, onde chegou a ter desenvolvimento considerável. Na década de 1930, porém, estava em decadência, e acabou extinguindo-se naturalmente. Houve ainda uma tentativa de colonização do mesmo tipo em Rezende, no Rio de Janeiro, mas sem muito êxito. Realmente, não é fácil levar para o campo gente acostumada à vida nas cidades.

Além dessas funções na ICA, segundo me lembro, meu cunhado era também o dirigente da Hias-Hicem, organização judaica encarregada de cuidar da emigração de judeus em geral e, neste sentido, parece ter desenvolvido uma atividade importante no acolhimento às vítimas do nazismo. Ora, isto, num período em que circulares secretas do Itamaraty prescreviam às embaixadas e consulados brasileiros que evitassem conceder a judeus vistos de entrada no Brasil, só podia resultar numa situação muito difícil.

Aliás, pouco depois do episódio que acabo de relatar, os jornais trouxeram uma notícia estranha. O delegado responsável pelo DOPS, Emílio Romano, fora destituído do cargo porque tentara extorquir dinheiro de um negociante sírio levado à polícia e acusado de subversão. Eu tinha visto esse delegado somente de longe, pois não me deram muita importância e, para lidar comigo, havia bastado um escrivão.

E agora, a podridão do sistema vinha à tona.

No entanto, eu não tinha ideia de que os ecos de semelhantes ocorrências ainda haveriam de repercutir em minha vida.

2

Cerca de dois anos depois, eis-me residindo com meus pais num apartamento em Copacabana, na rua Toneleros, em condições bem mais confortáveis que naquele da rua Constante Ramos, enquanto minha irmã e cunhado se instalavam no Leme.

Eu estava às voltas com um namoro interminável com Diná, então secretária do sr. Eça, responsável por uma grande firma de importação e exportação, que funcionava em meio às dificuldades tremendas de um comércio praticado através de mares coalhados de submarinos.

Pois bem, insatisfeita com o que auferia de sua atividade normal, Diná acabou aceitando uma ocupação paralela, na organização promovida pelas representações diplomáticas dos países Aliados e que elaborava "listas negras" com a relação das firmas que atuavam no comércio com países do Eixo e que deveriam ser boicotadas.

Ela me contou que esta atuação era, de fato, bem rendosa, embora a exercesse depois de seu expediente normal, isto é, a partir do final da tarde, além dos sábados e domingos. Ganhava ali, ao todo, 3,5 mil cruzeiros por mês, uma quantia bem apreciável, se levarmos em conta que o cargo ambicionado por mim, de engenheiro-agrônomo do Ministério da Agricultura, correspondia a um ordenado de novecentos cruzeiros, menos os descontos de praxe.

Ao mesmo tempo, ela sentia remorso de consciência por estar trabalhando, segundo dizia, "contra o Brasil", embora eu não fosse da mesma opinião.

Às vezes, ia esperá-la na saída de seu novo trabalho. Era no acesso a um casarão do tempo do Império, na praça Quinze de Novembro, em frente ao antigo Paço Imperial, então já transformado, se não me engano, na sede dos Correios e Telégrafos.

Lembro-me, sobretudo, de uma vez em que ela me contou: entre os seus colegas, nesta nova ocupação, estava aquele mesmo Emílio Romano que fora demitido do cargo de delegado da Ordem Política e Social. Ele ficava se vangloriando perante os colegas de escritório e contava particularmente o caso de um rapaz, filho de judeus, e que estava implicado no episódio de uma célula comunista que funcionava em Copacabana e fora desmantelada pela polícia.

– Vocês deviam ver – dizia ele – aquele rapazinho, filho de família com recursos, trajado a contento, bem aprumado, rosto queimado de sol, e que, de repente, levava choque elétrico para obrigá-lo a indicar os nomes de seus cúmplices.

Mas, depois de algumas semanas, Diná deixou, realmente, esse trabalho suplementar, e nossa vida voltou ao que era antes.

Aliás, aquela minha passagem pelo DOPS não deixaria de ter consequências. Assim, quando, mais tarde, em 194 , me candidatei a um novo emprego no Ministério da Agricultura, exigiram-me um "atestado de ideologia". Apresentei então requerimento nesse sentido, naquele mesmo prédio sinistro da rua dos Gusmões. Passaram-se algumas semanas e o documento não saía. Mas, visto que eu insisti na espera, acabei recebendo o desejado papelucho, que afirmava, categórico: eu não professava nenhuma ideologia contrária ao regime vigente.

2. Rufa, Tambor!

I

Em 1940, eu estava no quarto e último ano da Escola Nacional de Agronomia, na Praia Vermelha, no Rio de Janeiro, enquanto meus pais residiam em Porto Alegre, onde se estabeleceram depois que meu pai fechou sua lojinha de perfumes na rua Buenos Aires.

Fiquei residindo como pensionista em casa de um colega de turma, em companhia de outro colega, este filho de alemães de Santa Catarina. Os donos da casa eram protestantes e, antes de cada refeição, o cabeça da família, magro e grisalho, proferia uma oração, agradecendo ao Senhor aquele repasto, enquanto, a exemplo dos demais, eu dobrava a cabeça em silêncio.

Todo sábado, ia almoçar com minha irmã e meu cunhado no apartamento que eles alugavam no Leme, mas nossas relações eram bastante formais, pois eu não me identificava muito com o cunhado.

Meus pais pagavam-me a pensão e, conforme combinamos, o dinheiro para as despesas miúdas provinha de aulas particulares que eu ministrava, principalmente sobre matérias em que fora mais fraco no secundário: matemática, física e química. No entanto, posso vangloriar-me: eu era bem-sucedido e sempre tive problemas quando passava um aluno para um colega. Este êxito não proviria, em grande parte, do fato de eu conhecer de perto as dificuldades que um secundarista enfrenta?

Meu cotidiano era bastante insípido, às voltas com uma formação profissional que me fora imposta depois que eu havia manifestado, aos treze anos, o desejo de segui-la.

Um dos grandes prazeres que eu tinha consistia em dar uma escapada até a rua São José, no centro da cidade e onde se localizavam os sebos mais tradicionais, ficar namorando os volumes expostos e só de vez em quando atrever-me a uma aquisição. Lembro-me até hoje da alegria com que adquiri *Viagem Histórica e Pitoresca ao Brasil*, de Jean-Baptiste Debret, numa edição vistosa, em dois volumes encadernados, com que presenteei minha irmã.

Não tinha namorada e, de modo geral, era tímido e desajeitado em relação às moças. Considerava-me feio e deselegante, um tipo completamente desenxabido. Ficava espiando de esguelha o meu terno feio, de segunda mão, comprado por meu pai no Saara, o bairro do Rio de Janeiro próximo à estação de trens da Central do Brasil. Aliás, esta sensação não me abandonou mesmo depois que meu pai passou a contratar um bom alfaiate.

A vida de recluso que eu levava era um ponto de atrito com a família. Minha mãe insistia em que eu tinha de aprender a dançar, sair com jovens amigos, ter amizades femininas (isto com aquela crônica falta de numerário!). Mas dançar, para mim, era algo inerente à sociedade burguesa, um hábito capitalista, ao qual adquiri ojeriza no tempo anterior ao Pacto Germano-Soviético, quando passei a detestar tudo o que se referia à URSS. Meu corpo ficava rígido, sem molejo, sempre que alguém do sexo feminino insistia em que eu desse uns passos de dança. E a minha timidez agravava ainda mais esta resistência.

Ao mesmo tempo, tinha uma disposição bastante romântica. Rabiscava poemas e colecionava-os num caderno, aliás, frequentemente substituído por outro mais grosso, uma vez que a produção ia se avolumando. Naturalmente, apaixonava-me em segredo e tudo isso rendia páginas e páginas com decassílabos bem metrificados e bastante sonoros, pelo menos isso eu tinha conseguido. Foi com dificuldade que a Semana de Arte Moderna penetrou em minha vida e, quando isto ocorreu definitivamente, depois da guerra, destruí tudo, do que me arrependo até hoje, sobretudo por causa de versos dedicados à saudade de Odessa, um poema sobre a tomada da cidade pelo exército romeno, e que terminava assim (infelizmente, esqueci o restante desse texto):

> Ao apertar o meu fuzil,
> Eu não te esquecerei, Odessa.

Neste caso, o fuzil era bastante alegórico, pois, na artilharia, a arma de defesa pessoal, além do revólver, era o mosquetão, de cano mais curto que o do fuzil, segundo me lembro, e mais pesado, mas que na FEB foi substituído por uma carabina bem leve e de fácil manejo.

2

Um dia, Berta, minha irmã, me mostrou carta recebida de uma firma que vendia livros a prestação, cobrando mensalidades em atraso, por volumes comprados em quantidade, e me pediu que fosse até aquele escritório e saldasse a dívida. Quem me atendeu no balcão foi uma jovem quase da minha idade, morena, bem magra, maçãs do rosto salientes e olhos que se fixaram então em minha memória. Conversa vai, conversa vem, acabamos trocando nossos números de telefone, mas o dela era de uma vizinha que se dispunha a chamá-la.

Marcamos encontro numa tarde de sábado na calçada do Teatro Municipal. Pois bem, fomos então até o ponto combinado e vimos a escadaria ocupada por um aglomerado de gente que soltava uns gritos estranhos. Encontramo-nos, apertamos as mãos, pois ainda não estava consagrado o beijo na face, e olhamos um pouco as pessoas ao redor. Em dado momento, apareceram faixas saudando os Aliados e uma em homenagem à União Soviética. Depois, uns indivíduos parados na calçada ao nosso lado, junto à escadaria, tiraram revólveres do bolso, atiraram para o alto e, ao mesmo tempo, sentiu-se cheiro de gás lacrimogêneo, e começamos todos a chorar. Seguiu-se uma correria, mas as pessoas que seguravam as faixas continuaram firmes em seu lugar. O magote de gente (realmente, não chegava a ser multidão) se dispersou correndo. Segurei então minha dama pelo cotovelo e saímos com tal precipitação que dei acordo de mim quando estávamos quase na Lapa.

Superado o susto, caminhamos na direção do mar e encostamo-nos à amurada. Fiquei sabendo, então, que Diná era a forma abrasileirada de seu nome, Dônia, segundo os documentos. Seus pais provinham de uma cidadezinha próxima a Odessa e enfrentaram grandes dificuldades após chegarem ao Brasil, onde ela havia nascido.

Depois de outro encontro, este no Jardim Botânico, ela me convidou para jantar em sua casa, numa vila da rua São Francisco Xavier. Conheci ali sua mãe, uma senhora de cabelos grisalhos e ar doentio, e o irmão de uns quatorze anos. O pai não estava presente e, aliás, poucas vezes eu o encontraria naquela casa. Pela porta de entrada aberta, viam-se outras casinholas da vila, por sinal bem comprida.

Passei então a frequentar aquela casa, num clima bom de vida em família.

3

Ao mesmo tempo, a realidade política do país encaminhava-se num sentido completamente hostil a tudo que eu prezava.

Certo dia, eu estava almoçando com os meus hospedeiros, quando o rádio ligado transmitiu um discurso do chefe de Estado. Era o Dia da Marinha e Getúlio Vargas, então a bordo de um navio de guerra, aproveitou a ocasião para um discurso que parecia aliar o Brasil às potências do Eixo. Mal sabia eu das tricas e futricas da política externa de nosso país na época, nem que o discurso em questão era uma tentativa de convencer o governo dos Estados Unidos a fazer mais concessões nos entendimentos então em curso. O que havia diante de mim era o fato brutal de uma adesão ao fascismo em expansão.

Diante desta realidade, sofri um golpe tão forte que desmaiei e bati com a testa no chão. Recebi então todo o apoio moral, além da ajuda imediata. A dona da casa acorreu e me fez uma compressa. Eu estava desarvorado, certo de que o governo do Brasil alinhara o país com o Eixo.

De noite, tinha encontro marcado em São Francisco Xavier e, não estando muito machucado, não vi motivo para adiar o compromisso.

Na hora da despedida, Diná insistiu comigo para que eu pernoitasse lá. Cedeu-me o seu quarto e foi dormir no de seus pais, sobre uma esteira. Lembro-me de que, antes disso, conversamos longamente e eu lhe expus as minhas angústias relacionadas com a situação nas frentes de combate.

4

Diná me relatava frequentemente episódios de sua vida pregressa.

Fiquei muito impressionado com o ocorrido num emprego anterior. Sua família estava passando por uma fase bem difícil e havia dias em que tinham como único alimento uma sopa de lentilhas, então mais baratas que feijão. Desesperada, ela chegou a avançar num dinheiro da firma em que trabalhava. Apanhada em flagrante, foi despedida e passou por uma situação vexatória.

Outra marca das dificuldades sofridas aparecia nas canelas de suas pernas, e que ela sempre ocultava com meias soquete. Lidando com fogareiros, aliás, o eterno fogareiro a querosene, marca Primus, de minha infância em Odessa – presença obrigatória em quaisquer reminiscências sobre aquele período no mundo russo –, tinha sofrido uma queimadura. Levada ao pronto-socorro, os estudantes de Medicina que davam plantão ali aplicaram-lhe, segundo ela contava, nitrato de prata, que lhe deixou marcas na pele. E, aplicando-o, repetiam: "Sossega, turca, sossega!", pois interpretaram suas feições judaicas como uma fisionomia "turca", isto é, de origem sírio-libanesa.

Enfim, havia material para muitos desabafos, ao anoitecer, no alpendre daquela casinhola de avenida.

5

– Eu não me conformo com a irresponsabilidade de certos jovens, que se casam sem ter condições para isso e acabam gerando filhos que vão continuar a vida miserável dos pais.

É o cúmulo! Não! Para se casar, é preciso providenciar uma vida em condições saudáveis.

Mas, umas duas noites depois deste discurso exaltado, ficou devaneando sobre umas casinholas tão simpáticas e acolhedoras, de paredes recém-caiadas, que se viam das janelas do trem, quando se passava pelo subúrbio de Piedade, e cujo aluguel era muito barato.

Como que fazendo eco às minhas preocupações de momento, o dono da casa, um dia, puxou conversa comigo, tratando das minhas possibilidades de emprego. Tive de explicar-lhe, então, que eu precisava concluir meu processo de naturalização, depois do qual ainda teria que prestar o serviço militar, antes de poder registrar o diploma de engenheiro-agrônomo que estava em vias de receber. Ele murmurou então algo sobre as vantagens de um cargo de engenheiro civil, aludindo assim a um rapaz judeu que tivera um começo de namoro com Diná, sem maiores consequências, e que trabalhava, então, nessa condição na prefeitura do Rio de Janeiro.

Enfim, eu tinha motivos de sobra para me angustiar e agitar.

6

Finalmente, chegou o dia da colação de grau.

Antes, houve reuniões dos formandos para estabelecer as normas de procedimento. Em primeiro lugar, escolheu-se o paraninfo. Eu era o único a desejar a escolha de um dos nossos professores. Os demais, em peso, indicaram o chefe de Estado, Getúlio Vargas. Por mais que eu insistisse no absurdo daquele servilismo, meus colegas permaneceram firmes em seu propósito. Aliás, sem nenhuma vantagem imediata, pois acabaram enfrentando as mesmas dificuldades que os demais, na corrida pelas vagas de engenheiro-agrônomo do Ministério da Agricultura, então praticamente a única possibilidade de emprego para nós outros.

Depois, houve missa de ação de graças na Igreja de São Francisco de Paula, e eu assisti a tudo cabisbaixo e casmurro, encolhido em meu terno elegante, recém-estreado. Minha mãe havia chegado de Porto Alegre e também assistia a tudo, baixinha e encolhida, quase sempre em companhia de minha irmã.

Seguiu-se uma sessão solene no prédio da Praia Vermelha, onde funcionava a escola. Lembro-me de que cheguei de táxi, em companhia de Diná. Aliás, fiz o carro parar antes de chegar à escadaria e acabamos percorrendo um trecho como quem chega a pé.

Houve a discurseira de praxe, que incluiu a alocução do representante do paraninfo, o ministro da Agricultura, Fernando Costa, gordo e um tanto desajeitado. Ouvindo aquele fraseado solene, lembrei-me de uma sala no prédio do Ministério da Agricultura, repleta de aparelhos, desde balanças até medidores de crânio, e que tinha na entrada a tabuleta: "Gabinete Antropométrico". Fiquei pensando: "Quando é que vão aplicar tudo isso aos candidatos a emprego?" Mas, felizmente, que eu saiba, o sinistro gabinete não chegou a ser utilizado, pois a fascistização do Estado brasileiro não chegou a este ponto (o gabinete em questão só podia ser cópia de uma instituição nazista, embora os defensores de tais práticas se dissessem adeptos da eugenia e seguidores do cientista inglês Francis Galton).

Tudo isso ocorreu pouco antes do Ano Novo. Eu via na casinhola de avenida os preparativos para essa data. Diná me mostrou as garrafas de vinho a serem consumidas (as garrafas eram muitas e nós, bem poucos) e outros presentes que ela havia recebido. Não estava mais trabalhando na livraria em que a conheci. Contratada por uma companhia de importação e exportação, recebia presentes das firmas com que lidava. Segundo parecia, elas estavam muito empenhadas em conseguir suas boas graças. Pelo menos fora presenteada, ainda, com livros em quantidade, de encadernação vistosa, cestas de flores e bebidas em profusão. Eu olhava aquilo tudo um pouco assustado, mas ao mesmo tempo, contente com o prestígio por ela adquirido.

Na véspera do Ano Novo, enverguei o meu terno recém-estreado e fui com meus pais à residência de Berta, no Leme. Antes da ceia, chamei minha mãe à parte e disse que precisava ausentar-me para celebrar o Ano Novo em casa de Diná. Para minha surpresa, em vez de concordar, o que seria lógico, depois da insistência em que eu deveria namorar alguém, ela me retrucou:

– Como é que ousa pedir uma coisa dessas? Sua mãe viajou de ônibus de Porto Alegre para celebrar o Ano Novo com você, e agora fala em nos deixar aqui?

Meu cunhado também acudiu e disse que aquilo parecia uma armadilha: a família da moça podia aproveitar a ocasião para anunciar o nosso noivado. E aliás, aludia a isso como se fizesse parte da tradição judaica, mas, na realidade, os familiares de minha namorada não demonstravam nenhum apego a esta tradição.

Não discuti, não repliquei nada e passei o resto da noite cabisbaixo e retraído, aliás, o meu jeito habitual.

Na noite seguinte, fui à casa de Diná, que, apesar de contrariada, me recebeu bem, e nossa relação continuou aparentemente como se nada houvesse acontecido.

7

Eis-me, portanto, diplomado e proclamado apto a desempenhar uma função da qual não tinha nenhum conhecimento prático. "Agrônomos do asfalto" – era como nos chamavam os formados por outras escolas de agronomia do país, e eu só podia aplaudir a justeza deste apelido.

No entanto, ansioso por dar uma aplicação prática ao pouco que havia aprendido, empenhei-me em conseguir minha naturalização, aliás, definida no próprio texto do decreto correspondente como um "ato gracioso" do governo brasileiro. Depois, para registrar o diploma, eu ainda precisava ter feito o serviço militar.

Peregrinei pelas respectivas repartições públicas, pois não dispunha de recursos para contratar um advogado ou despachante. Finalmente, saiu minha naturalização e pude considerar inexistentes as páginas que me eram dedicadas no passaporte soviético de meu país, um documento espalhafatoso de capa vermelha e letras douradas, com a foice e o martelo em destaque e igualmente dourados. Lembro-me bem daquelas andanças de repartição em repartição, em contato com uma burocracia solidamente instalada, e onde a apresentação daquele documento provocava sensação. Ora, por mais estranho que pareça, minhas andanças deram certo e eis-me finalmente possuidor de uma carteira de identidade de cidadão brasileiro.

Faltava agora o serviço militar. O acesso ao CPOR (Centro de Preparação de Oficiais da Reserva) me era vedado, na qualidade de cidadão de segunda classe, isto é, naturalizado. Por conseguinte, restavam dois caminhos: a "linha de tiro", isto é, um tipo brando de instrução militar, ou o alistamento no Exército. Pois bem, escolhi o segundo caminho. E aqui é necessária uma pequena explicação:

A evolução dos acontecimentos parecia indicar, claramente, que o Brasil estava em vias de aderir à causa dos Aliados. E eu ficara ansioso por contribuir com minha parte nesta causa comum. Ainda não se tinha notícia da extensão daquilo que viria a ser chamado de Holocausto, mas tudo parecia indicar que estava em desenvolvimento. Para se convencer disso, basta consultar nossa imprensa da época.

Pode parecer estranho que um pacifista convicto como eu tivesse essa preocupação. No entanto, estava convencido de que este era o caminho certo, o único em vista. Não adiantava colocar esta problemática para os meus, pois eles fariam tudo para evitar minha incorporação à tropa. Mas, ao mesmo tempo, não tinham nenhuma noção sobre alistamento no Exército e não sabiam diferençar linha de tiro e serviço militar em quartel.

Anualmente, no dia do reservista, éramos convocados pela imprensa a uma repartição militar, onde preenchíamos um formulário. Pois bem, eu prestava então informações que exageravam a minha aptidão para o serviço ativo. No quesito "Línguas Estrangeiras", eu me declarava conhecedor, além do russo, do francês e do inglês, embora fosse apenas capaz de balbuciar umas poucas palavras nestas duas últimas línguas. E ainda dizia conhecer, em grau menor, o espanhol e o italiano. Declarava-me também um bom datilógrafo, embora minhas habilidades fossem as de um "catador de milho". Enfim, eram tantas as habilitações apregoadas que os oficiais recrutadores tinham de me reter na primeira oportunidade.

Certamente, era o caminho para uma possível convocação e eu tinha certeza de que isto iria acontecer.

Depois, houve o afundamento de nossos navios mercantes, junto ao litoral brasileiro, e a explosão da ira popular em nossas cidades, a destruição de propriedades dos súditos do Eixo e a declaração de guerra pelo governo de Vargas.

Eu já cumprira o meu período de instrução militar e tinha certeza de que seria convocado para o serviço ativo.

Tudo isso era um problema exclusivamente meu, e eu não o discutia, nem mesmo com Diná.

8

Evidenciava-se sua ascensão social, devida, certamente, à competência adquirida.

Na firma em que trabalhava, era a secretária do diretor, um português de ar distinto e sobrenome Eça, amigo de minha irmã e meu cunhado. Casado com uma francesa de ar tristonho, os íntimos o chamavam de Eçá.

Diná passou a vestir-se melhor e, não raro, se deslocava de táxi.

Em minha casa, melhorou a receptividade a sua pessoa. Minha mãe não cessava de elogiar, em conversas com Berta ao telefone, a sonoridade e apuro do discurso oral de Diná, e ela dizia isto de modo que eu ouvisse.

A nova situação chegou ao ponto de Diná aparecer em nossa casa na hora do chá, quase sempre trazendo presentes, e ser recebida com afagos. No entanto, nada disso anulava certo ar de superioridade que os meus assumiam. Era a diferença, que eu conhecia desde minha infância em Odessa, e que os judeus instalados nos bairros "nobres" e assimilados ao mundo russo faziam questão de assinalar em relação aos que provinham de um *schtetl*, a cidadezinha judaica da Europa Oriental. Em Odessa, isto se manifestava pela própria localização geográfica, pois os judeus mais ligados ao meio de vida tradicional residiam, geralmente, num bairro à parte, Moldavanka, que ficava longe das praias e dos lugares mais aprazíveis. Aliás, os leitores contumazes de Isaac Bábel sabem que ele chegou a alugar uma casinha na Moldavanka para viver perto das personagens de seus *Contos de Odessa*.

O certo é que o gelo se quebrara e a aproximação chegou a tal ponto que passei um domingo em Paquetá com Diná e minha mãe. No entanto, havia algo de artificial e difícil no clima que então se criou.

Evidentemente, a nova condição de Diná destoava completamente de sua residência naquela casinhola de vila, em São Francisco Xavier. E um belo dia a família se mudou para um sobrado na rua Santo Amaro, morro acima, quase a um quilômetro dos bondes e ônibus, na rua do Catete.

Eu vencia aquele espaço sempre com muito ânimo e, em minha vida sedentária, aquelas caminhadas eram uma bênção. Mas Diná passara a locomover-se quase exclusivamente de táxi. E era quase sempre de táxi também que o pai de Diná chegava em casa, o que resultava, geralmente, em discussão violenta com o chofer sobre o preço da corrida. Aliás, suas ausências eram tão reiteradas que dava para desconfiar: ele não teria outra família?

De modo geral, continuava naquela casa um clima relativamente bom em torno de minha presença, mas, ao mesmo tempo, algo não se encaixava bem em minha relação com aquela família. Assim, um dia, cheguei depois de ter almoçado em casa. Toquei a campainha e Diná veio abrir a porta. Estava com jeito de ter bebido um pouco durante o almoço. Sussurrou-me que o sr. Eça e sua mulher tinham almoçado lá e que todos estavam tomando café naquele momento. Visto que não me convidara a entrar, eu disse: "Então, vou embora". E, como ela não me reteve, percorri a ladeira, morro abaixo. Nos dias seguintes, ela não me deu nenhuma explicação, e tudo ficou por isso mesmo.

Ademais, era evidente que Diná tinha um círculo de amizades com as quais não me misturava. Nós frequentávamos cinemas, íamos aos domingos de manhã a concertos matinais da Orquestra Sinfônica Brasileira, de vez em quando, eu comprava ingressos para concertos no Teatro Municipal.

No entanto, era evidente que Diná levava também outra vida de lazer, separada da minha. Chegou até a me contar que tinha conhecido um grande dançarino, mas cuja "inteligência estava nos pés", pois seu palavreado era muito cacete e vazio.

Lembro-me de que, uma noite, numa conversa mais íntima, ela chegou a me dizer: "Ora, eu preciso reconhecer – cada um de nós tem suas grandes misérias morais." Tenho certeza de que era uma alusão àquela vida dúplice, mas, na ocasião, não dei muita importância ao que ela estava dizendo e as confissões pararam ali mesmo.

Ela chegou a me apresentar uma das moças de seu círculo de amizades, mas foi apenas um encontro casual em sua casa. Na realidade, havia toda uma vida de encontros para ir a salões de baile e da qual eu estava fora.

Agora, à distância, dá para compreender melhor certos desencontros, como o da ocasião em que fiquei esperando que ela aparecesse numa domingueira da Orquestra Sinfônica Brasileira, mas em vão. Tudo muito compreensível, mas que não se esclarecia por falta de uma conversa franca e mais abrangente que as ligeiras alusões de vez em quando.

9

Eu já estava, então, cumprindo meu serviço militar. Não foi possível me inserir em alguma unidade próxima, por exemplo, o Forte de Copacabana ou o de São João, e eu só consegui ser aceito num quartel de artilharia em Campinho, isto é, depois de Cascadura. Aliás, não tinha procurado pistolão e chegava a cada unidade "com a cara e a coragem".

Diariamente, inclusive aos domingos, mas com folga às quartas-feiras, eu me levantava às quatro da manhã, tomava bonde, trem e de novo bonde, para entrar no quartel às sete. Por mais estranho que pareça, eu sentia certo prazer nesta nova rotina. Aliás, antes de chegar ao quartel, trocava meu traje civil pelo uniforme, num quartinho que alugava para este fim, em casa de uma senhora negra. Lembro-me da curiosidade que provocava em seu filho, garotinho de uns cinco anos, que pulava de alegria quando eu lhe dava alguma guloseima.

O ambiente no quartel era bem opressivo. Parece que se sublinhava intencionalmente o antagonismo em relação ao mundo civil, o dos "paisanos". Frisavam-se, a todo momento, as diferenças hierárquicas; a continência obrigatória não era apenas uma saudação, mas parecia ser também a marca de uma diferença de *status*, algo opressivo e redutor. Ao fazer este gesto, o soldado aparentemente confirmava a sua inferioridade na escala social. Mas, ao mesmo tempo, tudo isso fazia parte de uma realidade muito mais ampla.

Já expus em meu *Guerra em Surdina*[3] a diferença brutal entre o Exército brasileiro antes da FEB e depois. No caso da artilharia, ocorreu, além do mais, a substituição dos canhões de calibre 75 mm, desmontáveis, transportados em lombo de burro, por outros de 105 mm, atrelados a grandes caminhões que chamávamos de trator e que nos transportavam. Em lugar de os cálculos de tiro serem feitos pelo capitão, comandante da bateria, havia agora, junto ao comando do grupo de artilharia, uma Central de Tiro, com sargentos e cabos sob as ordens de um capitão, e que os efetuavam.

Eu me lembro do trabalho insano no velho sistema, o desmontar de uma peça de 75 mm, o transporte e, depois, sua colocação em lombo de burro, seguida da montagem do canhão, tudo isso com o máximo de rapidez, o que exigia grande concentração e perícia. Efetuava-se, então, um tipo de amarração que se chamava boneca. Pois bem, nesta simples "boneca" acumulava-se muita habilidade e competência, agora dispensadas.

O estranho é que esta substituição se processava antes de nossa entrada num setor de combate, onde a possibilidade de usar canhões transportáveis por caminhos difíceis seria muito útil. Lembro-me de que os *partigiani*, que atuaram em colaboração com a FEB, utilizavam muito peças de artilharia desmontáveis. Eu os via passar, conduzindo pela brida cavalos carregados de peças desmontadas, o que me dava vontade de conversar com eles e contar-lhes um pouco de nossa experiência posta de lado. Enfim, eram etapas da substituição de normas assimiladas do exército francês por outras norte-americanas.

Aliás, recordo com o maior carinho os meus exercícios de equitação no curso de sargentos e, particularmente, os tombos que levei, sem nunca me machucar; os cavalos até pareciam adestrados nesse sentido, e eu me lembro daqueles animais com gratidão. Havia um barranco escarpado que tínhamos de subir montados e que vencíamos por uma senda bem estreita, enquanto um sargento parado na encosta fustigava os animais.

Enfim, depois de uma vida sedentária, eu tinha agora um pouquinho de exercício físico. Criava-se, assim, certa comunhão entre o cavaleiro e o cavalo e, quanto mais eu me assenhoreava da técnica da equitação, mais esta comunhão parecia fortalecer-se.

10

Havia uma ambiguidade de princípio em minha vida de soldado. Lembro-me de que um colega me arranjou aulas de geografia num colégio pertinho de São Francisco Xavier (eu estava capacitado formalmente, graças a um registro efetuado antes). Uma vez, fui combinar certos pormenores com o diretor e, como aquela escola ficava em meu caminho para o quartel, e eu ainda não fizera acordo para minhas mudanças de trajes, fui conversar com ele em minha farda de soldado.

Lembro-me de seu olhar assustado e da insistência para que eu não me deixasse ver pelos alunos. Dava para pensar: "Será que sou leproso?"

Outro episódio: Diná insistiu em me ver fardado e me pediu que passasse por sua casa antes de me dirigir a Copacabana. E por mais que eu alegasse não ser isso muito oportuno, pois eu ficava suado, havia cansaço e sede, ela insistiu em que fazia questão de me ver fardado.

Na hora combinada, apareci em sua casa, ainda naquela vila em São Francisco Xavier, mas sua mãe me informou que ela fora atender a um chamado urgente do escritório.

Enfim, sempre o soldado como um pária, um desprezado.

11

Coroamento de meu período de treinamento militar, a marcha de 32 quilômetros ocorreu num dia de calor escaldante.

Saímos do quartel cedinho e caminhamos em direção de Jacarepaguá. O sargento responsável pelo meu destacamento, um homem pesadão e abrutalhado, ia a cavalo pouco adiante.

Chegando ao destino, armamos as barracas e instalamos canhões em posição de tiro. Lembro-me do peso das peças de canhão, do tubo alma e do tubo porta-culatra, que era preciso desmontar e montar com a maior rapidez, antes dos exercícios com pólvora seca.

Dormimos em barracas muito precárias que tínhamos carregado nas costas e que não chegavam a nos proteger adequadamente. De noite choveu e, de manhã, um dos meus companheiros, um rapaz franzino, ficou tossindo sem parar. Depois, eu o vi apresentar-se ao capitão e ser dispensado. Na volta da guerra, eu o veria de novo, no quartel, acompanhado do pai: estava tuberculoso e procurava conseguir uma ajuda do governo, pelo menos o seu soldo de praça.

Houve ainda exercícios de ordem-unida e outros de montagem e desmontagem das peças de artilharia, colocadas em posição de atirar. E depois de mais uma noite nas barracas, empreendemos a jornada de regresso.

Foi com grande satisfação que me vi em casa e pude tomar o meu banho de chuveiro. Meus pais estavam de saída para a habitual partida de buraco e eu, sozinho em casa, me deliciei com um jantar saboroso. Como era gostosa aquela cama de verdade, depois do cobertor estendido no chão frio! Mas, quando eu estava pegando no sono, tocou o telefone. Era Diná que me pedia para fazer-lhe companhia, pois estava completando um serviço no escritório, um "serão", como se dizia. E ela ficava muito assustada, sozinha naquele sobrado.

Eu me vesti às pressas e saí correndo. Ela me abriu a porta e subimos a escada íngreme.

Depois de algum tempo, convidei-a a cear comigo e fomos a um restaurante no edifício A Noite, na Praça Mauá, o arranha-céu mais alto do Rio de Janeiro. Era um local muito frequentado por artistas de rádio e, naquela noite, estavam ali as Irmãs Pagãs, isto é, Rosina e Elvira Pagã, ambas muito louras e comunicativas, acompanhadas de dois rapazes. Pouco antes, a revista *O Cruzeiro*, se me lembro bem, havia publicado uma foto de ambas nuas, mas de uma nudez completamente asséptica, assexuada, o que me havia parecido muito estranho e, por isso mesmo, se fixou na memória. Eles estavam comendo ostras e um dos rapazes citou um cronista em voga, que definia as ostras como "iguais ao pecado: repelentes por fora e deliciosas por dentro". Naturalmente, o meu ânimo naquela noite não combinava muito com essa conversa maliciosa e ligeira. Depois da ceia, voltamos ao sobrado e Diná completou o trabalho.

Enfim, eu tinha que dar conta de dois tipos diferentes de serviço militar.

12

A ascensão de Diná estava agora em descompasso com aquele bangaló num alto de morro, quase a um quilômetro das ruas de comércio. E eis agora aquela família instalada num outro sobrado, no bairro de Santa Teresa, a menos de um quarteirão da linha de bonde e não muito longe do ponto final, em Silvestre.

Minha relação com Diná tornara-se algo arrastado e monótono, sem vestígio sequer de arrebatamento, pelo menos da parte dela. Em vista disso, eu lhe propus dar por terminada a relação e separarmo-nos como bons amigos.

Ela, porém, insistiu em que não via as coisas assim, e que uma vida partilhada comigo era algo decidido e certo e sem o que ela não vislumbrava sua existência futura. Então, voltei atrás e tudo continuou na pasmaceira de sempre, sem um pouco sequer de algo mais estimulante.

Nesse ínterim, eu tinha conseguido um emprego no Ministério da Agricultura. Meu ordenado era bem mesquinho: novecentos cruzeiros, menos os descontos de praxe. Eu completava o rendimento com traduções do russo, que assinava como Boris Solomonov (abreviatura de Solomônovitch, meu patronímico russo, obrigatório naquele país).

Esta minha atuação complementar como tradutor parecia não inspirar entusiasmo a Diná e menos ainda a sua família. Eu recebia elogios da crítica, mas estes os deixavam de todo indiferentes. Era como se eu obtivesse aqueles êxitos em Marte ou Vênus.

Lembro-me de uma tarde em que apareci naquela casa sobraçando os dois grandes volumes de minha tradução de *Os Irmãos Karamázov*, de Dostoiévski, recém-publicada pela editora Vecchi. Eu tinha ficado muito aborrecido com aquela publicação, pois as capas eram em cores berrantes e os três irmãos Karamázov estavam em atitudes estranhas e, aliás, me pareciam simplesmente mal desenhados. E, para aumentar meu mal-estar em relação àquela estreia, muito elogiada pela crítica, que a considerava "digna do original", era evidente que o revisor da editora fizera questão que os irmãos se expressassem num português castiço e antiquado, bem diferente do tom coloquial de Dostoiévski, a ponto de muitos críticos de seu tempo considerarem sua escrita simplesmente relaxada.

Mas não havia o que discutir. O livro estava lançado, aquela edição de capa horrorosa ocupava uma vitrine inteira de uma das principais livrarias do centro do Rio de Janeiro e, ao mesmo tempo, encolhia-me cada vez mais, quase sempre abatido e tristonho.

13

Depois de muitas caminhadas por diferentes repartições, em busca de emprego, pois não tinha habilidade nenhuma para me inserir no sistema de pistolão, eis-me, finalmente, funcionário do Ministério da Agricultura, lotado no Instituto de Ecologia Agrícola[4], no km 47 da antiga estrada de rodagem Rio de Janeiro – São Paulo.

Meu emprego no instituto me obrigava, conforme acordo de seu diretor com os funcionários graduados, a uma permanência de quatro dias na repartição, não mais. Os agrônomos lotados ali chegavam ao instituto num ônibus da repartição, que ia esperá-los no subúrbio de Bangu (acredito não estar enganado). Fiz boas amizades com os colegas, embora houvesse entre eles um simpatizante declarado do Eixo, mas que me tratava com toda a consideração.

Acabei acertando outro acordo com o diretor e, em vez de percorrer aquele trajeto quatro vezes por semana, fiquei dormindo numa sala do próprio edifício majestoso do Instituto, numa cama de vento, emprestada não me lembro por quem. E após o expediente, ficava batucando em minha Hermes Baby, portátil e bem leve, que fora de meu pai e que me foi cedida por ele. Estava, então, às voltas com outra tradução, se não me engano o romance *A Fossa*, de Ivan Kuprin.

Uma noite, por volta das oito, estava entretido em meu trabalho, alheio a tudo, quando ouvi uns passos perto. Voltei-me e quem estava ali era a sobrinha do diretor, uma loura bonita, de jeito provocante, acompanhada da tia, senhora velhusca e muito feia. Ambas insistiram comigo que fosse visitá-las, fiz esta visita na noite seguinte, mas com ar distraído e distante.

Às vezes, Conceição (nome da moça) aparecia no Instituto em horário de expediente e ia conversar comigo, mas o papo não deslanchava. Ela era simpatizante do Eixo e falava com desprezo de outro engenheiro-agrônomo, seu conhecido, lotado numa repartição vizinha, que fora convocado para o serviço ativo, mas, graças a boas relações da família, conseguira safar-se. "Brasileiro é covarde!" – dizia ela, como se fosse de outra nacionalidade, e sem dar muita atenção aos meus protestos. (Na realidade, era filha de alemão, devido ao casamento de uma irmã do diretor).

Era evidente que, nessas condições, não havia qualquer possibilidade de se esboçar uma relação de namoro, embora, depois da guerra, ela confessasse a um de meus colegas o sentimento que tivera por mim.

Nada disso chegava a me ocupar a mente. Eu continuava triste e desanimado quanto à minha relação com Diná. E era sempre com ar tristonho que me dirigia a sua casa nos finais de semana. Como vencer aquela barreira? Diná era "o homem da casa"; aquela família dependia exclusivamente dela e o padrão de consumo que eles haviam atingido não se enquadraria nos meus parcos proventos, mesmo acrescidos do que eu conseguia ganhar com as traduções.

Mas, ao mesmo tempo, era com deslumbramento que eu sempre subia a montanha no bondinho de Santa Teresa. A baía de Guanabara embaixo, o casario da encosta, que enlevo, que exaltação! Eu conhecia aquela paisagem desde os tempos em que meus pais passaram a residir novamente no Rio de Janeiro, depois de alguns anos em São Paulo, e eu ficava peregrinando pelos morros. Agora, porém, aquela vista deslumbrante estava incorporada a minha vida como algo permanente. Sobretudo quando subia a montanha ao anoitecer, tinha uma sensação de assombro ante as luzes da cidade, abaixo.

14

Pela primeira vez, desde que tinha conhecido Diná, ela celebrou seu aniversário, agora seus vinte anos. Fui a sua casa acompanhado de meus pais e vi reunidos, além dos colegas de escritório, os rapazes e moças com quem ela costumava frequentar salões de baile, sem apresentá-los a mim, com uma única exceção. Eu os examinei com bom humor e até com alguma simpatia, inclusive o rapaz que "tinha a inteligência nos pés".

Tomou-se chá e a empregada, assessorada por outra mocinha, serviu salgados e doces. Em dado momento, elas trouxeram o bolo de aniversário e, depois de cantar o "Parabéns a Você", todos gritaram: "Di-ná! Di-ná!" Eu os olhava perplexo, sem compreender por que ela me havia ocultado aquelas amizades, tão normais e corriqueiras.

Depois, passamos para a sala de visitas, relativamente espaçosa, onde havia uma vitrola e tiveram início as danças. Como eu não dançava, fiquei sentado numa poltrona e acabei me aborrecendo. Diná permaneceu comigo um pouco, procurando desanuviar minha caceteação.

Pouco depois, meu pai pediu para chamarem um táxi e nos retiramos. Pelo caminho, ficou dizendo a minha mãe, galanteador como de costume (salvo os habituais acessos de cólera, a troco de nada): "Você era a mulher mais interessante nessa festa", enquanto ela se encolhia sorrindo.

15

Uma noite em que cheguei à casa de Diná, estavam lá dois rapazes morenos e bem novos. O mais jovem era bonito, alto e elegante, chamado Cilênio, ao que me parece, uma corruptela de Sileno. O outro, mais baixo e também de traços bem regulares, se chamava Farnésio. Era evidente que foram assim batizados no período da grande voga dos nomes gregos, sob o impacto do parnasianismo. Agora, porém, eles se haviam tornado, respectivamente, Cyll Farney e Dick Farney.

O segundo estava sobraçando um violão e acabou cantando, a pedidos, algo do repertório de Frank Sinatra, dedilhando ao mesmo tempo o violão – uma interpretação admirável, que me deixou comovido!

Fui apresentado aos pais de ambos. Fiquei então sabendo que o pai lhes havia ensinado música clássica e a mãe, uma senhora alta, loura e de ar distinto, lhes dera aulas de canto.

Formou-se um clima de encantamento em torno daquela família e eu aderi de todo a essa onda, embora com uma ponta natural de ciúme. "Dá vontade de colocá-los numa redoma" – disse uma vez Diná.

Tínhamos vivido ambos um clima de embalo pela música clássica e, com alguma frequência, eu a presenteava com discos de 78 rotações. Agora, nosso repertório foi variando, mas, na realidade, eu só me impregnaria deste verso muitos anos depois, em circunstâncias bem diferentes. Pelo menos já estava superando a atitude preconceituosa de meus familiares, em relação à música norte-americana. Com certeza, influiu nisso também a minha frequência aos concertos da Orquestra Sinfônica Brasileira, em cujo repertório Gershwin entrava com muito destaque e também se executavam peças de outros compositores ianques.

16

Num final de tarde, eu estava regressando do trabalho para casa, de ônibus, com uma colega e, na altura do Botafogo, vimos tropa formada, aguardando o início de uma parada. Era o desfile que antecedeu de poucas semanas o embarque do Primeiro Escalão da FEB.

Minha colega, uma senhora jovem e simpática, me disse então: "Hoje, muito coração de mãe está se apertando." E então lhe repliquei: "Sem dúvida. Aliás, eu mesmo estou esperando a convocação a qualquer momento."

Aquele desfile ficou famoso na história da FEB, pois, segundo se conta, por ordem do comandante do Primeiro Escalão, general Zenóbio da Costa, os soldados negros da tropa foram deixados no quartel ou colocados na parte central de cada formação, para que só aparecessem os soldados brancos.

Conforme pude constatar depois, era uma discriminação completamente impopular entre à tropa e alheia ao espírito predominante. Mas, naquele momento, somente se podia acatar a ordem recebida.

Abrindo o jornal no dia seguinte, lá estava meu nome na relação dos convocados. Os acontecimentos se seguiram numa velocidade alucinante. Meus pais ficaram alvoroçados e passaram logo a atuar, no sentido de escamotear aquela convocação. Sem me perguntar, sequer, o que eu pensava de tudo aquilo, meu pai me levou a um escritório no centro da cidade, para conversar com um indivíduo franzino, judeu como nós. Logo reconheci nele, com asco, o rapaz que eu tinha visto anos atrás, à noitinha, na entrada da Delegacia de Ordem Política e Social, conversando com os investigadores que me conduziam. (Um episódio estranho, provocado por denúncias contra meu cunhado, suspeito de facilitar a entrada, no Brasil, de judeus fugidos da Alemanha)[5]. Dizia aos policiais: "Vocês deviam fazer uma busca em casa de Gondim da Fonseca; garanto que ali iam encontrar coisas. Vocês deviam era ler a crônica dele que saiu ontem no *Diário Carioca*, cheia de afirmações subversivas."

Como era natural, fiquei em completo mutismo, enquanto meu pai pedia que ele fizesse o possível para me livrar da convocação. No entanto, eu tinha certeza de que seria tudo inútil. Aliás, o outro dizia então: "Não sei… com os militares, é tudo muito difícil…" Isto acompanhado de muitos palavrões descabelados.

Depois, em casa de Diná, encontrei um clima completamente hostil à convocação de jovens. Dick e Cyll ficaram repetindo uns versinhos anônimos, então em voga, e que insistiam com os convocados para, em vez de embarcarem para a guerra, lutarem contra o fascismo "aqui mesmo", expressão que rimava, não me lembro em que termos, com "a esmo".

Ao mesmo tempo, eu não fazia segredo do meu estado de ânimo, que destoava completamente daquele clima.

17

Cyll foi também convocado, mas não cheguei a vê-lo de uniforme.

Dona Helena (vamos chamá-la assim, pois não me lembro de seu nome), a mãe dos rapazes, estava sempre muito agitada, relatando as suas andanças por instituições militares, na tentativa de conseguir a desincorporação do filho, lotado então numa unidade que deveria completar a guarnição de Fernando de Noronha. (Depois da guerra, ficaríamos sabendo que os soldados enviados para lá viveram em condições horrorosas, depois de navegar por águas infestadas de submarinos inimigos).

Mas, paralelamente a estes transtornos, o convívio com aquela família proporcionava sempre momentos muito felizes. Não raro, ficávamos em casa deles, na sala de visitas, onde estava o piano, que o dono da casa tocava com arrebatamento, enquanto Dick ia cantando com sua voz tão pura.

Uma noite em que estávamos conversando no sofá de sua casa, Diná me contou, muito transtornada, que precisava, sem falta, de 1,5 mil cruzeiros para o dia seguinte, data de vencimento de uma promissória. Dispus-me imediatamente a suprir aquela quantia, desde que ela a repusesse em poucos dias, pois meu pai era meu representante legal e eu deixaria com ele minha carteira da Caixa Econômica, no caso de meu embarque para a guerra.

Na noite seguinte, acabei dando-lhe um cheque de mais 2 mil cruzeiros, com a mesma condição, mas Diná me assegurou que eu podia ficar tranquilo, pois, para ela, era uma dívida sagrada e eu não tinha o que temer.

18

Vivi, naqueles dias, uma experiência única em contato com o povo de meu país.

Eu estava certo de que os estudantes que foram à avenida pedir ao governo a declaração de guerra às potências do Eixo representavam a vontade do povo, mas encontrei uma realidade completamente diversa. Todos, ou melhor, quase todos, sentiam-se como vítimas apanhadas ao acaso e deblateravam contra o ministro (Osvaldo Aranha), que vendera o país aos norte-americanos e nos estava enviando para a fornalha. Eu me lembro de que não sentia nenhuma hostilidade contra mim e outros rapazes na mesma condição, mas éramos vistos como uns equivocados, uns tolos, e todos os nossos argumentos a favor dos Aliados eram recebidos com desprezo absoluto. Acabei me calando e me deixando levar por aquele torvelinho.

Foi numa tarde bem quieta que saí de uma sala no Ministério da Guerra, num magote de uns trinta convocados, todos à paisana, conduzidos por um cabo fardado. Tomamos um trem de subúrbio e acabamos num quartel do Realengo.

Depois da refeição noturna bem sumária, com o indefectível arroz e feijão, ficamos entregues à própria sorte, naquele ambiente de quartel. Formaram-se, então, rodinhas de bate-papo e até alguns magotes de carteado.

Apareceu um sargento e nos orientou sobre o dormitório que iríamos ocupar. Depois, houve a atribuição das camas. Fui ver a minha, com um cobertor dobrado e sem outra roupa de cama em cima do colchão. O jeito seria permanecer vestido, naquele salão enorme, repleto de praças na mesma condição, à luz de lâmpadas muito fortes, que mais tarde seriam reduzidas à penumbra.

Naquele ambiente inóspito, faziam-se amizades, havia longos papos, parece que o homem é um bicho capaz de adaptar-se às piores condições e nada consegue abatê-lo completamente.

Nunca hei de esquecer aquela noite insone. Ouvia-se o crepitar dos tanques de guerra sulcando as ruas do Realengo, sem que se soubesse por que e para quê. De manhã, nos serviram café e pão com manteiga e, depois, surgiu um sargento que nos informou: estávamos dispensados, por enquanto, mas tínhamos de regressar às quatro da tarde, para a chamada do dia.

Foi com grande alívio que cheguei em casa, tomei um banho de chuveiro e pude tirar uma soneca.

19

Passadas três semanas de minha apresentação diária naquele quartel da Vila Militar em Realengo, na qualidade de "encostado", apareceu ali um homem magro, de bigode ralo, e ficamos sabendo que seria o nosso novo comandante. Era o capitão Sousa e, a partir de então, estaríamos submetidos a ele.

Houve uma cerimônia de despedida, num descampado próximo. O regimento junto do qual havia decorrido nossa espera ficou formado, armas a tiracolo, e diante dele, um grupinho de paisanos de ar assustado. Era como se fossem fuzilar-nos. Houve o discurso de sempre, com citações de Osório e Caxias e foi com um suspiro de alívio que soubemos: estávamos dispensados, mas com ordem de apresentação no dia seguinte, no mesmo quartel em que eu tinha feito o curso de sargento, isto é, o Segundo Grupo do Primeiro Regimento de Artilharia Autorrebocado, agora transformado em Segundo Grupo de Artilharia da FEB.

Enfim, apesar de todo o ceticismo que havia em torno de nosso embarque para a guerra, íamos mesmo entrar em ação.

20

Em casa de Diná, o clima havia mudado. Percebia-se grande contentamento, e eu vi dona Helena com ar triunfante, pois havia conseguido a dispensa de Cyll, com a alegação de seus méritos artísticos. Festejado em toda parte e exaltado nas crônicas sociais da imprensa carioca, ele se tornaria o galã número um da última fase da Atlântida.

Lembro-me de exaltadas arengas de dona Helena contra a nossa submissão aos Estados Unidos e o alinhamento com os Aliados. E, ao mesmo tempo, eu tinha uma sensação de júbilo, devido à minha convocação: seria inclusive uma libertação em relação a minha família.

Passamos ao sobrado vizinho e ficamos tomando uísque, aliás, o tão malsinado uísque norte-americano, pois era quase impossível, na época, conseguir o verdadeiro escocês.

Insisti, então, em minhas afirmações sobre a necessidade de lutar e me senti praticamente acuado, embora eles expressassem admiração pela minha atitude.

21

Rodeado por um muro bastante alto, o quartel estava espalhado por uma encosta, mas a Casa da Ordem, onde ficava o comando, localizava-se no alto. Embaixo, estavam os pavilhões das baterias.

Eu atravessava aquele portão às sete da manhã e ficava ali diariamente até as quatro da tarde, isto quando não me cabia o comando do corpo da guarda, que me obrigava a passar vinte e quatro horas no quartel.

Houve uns poucos exercícios de ordem unida e, de vez em quando, o capitão Sousa reunia a tropa e dava algumas instruções. Volta e meia, distribuía-se alguma peça de roupa, ora para o saco A, com pertences de uso imediato, ora para o saco B, com o material de reserva.

Durante o resto do tempo, os praças ficavam simplesmente na vadiagem, batendo papo e contando casos.

Na realidade, foi um período importante para o caldeamento de personalidades tão diferentes, de procedência tão variada, e que se fundiam no soldado brasileiro, com características próprias, tão diferentes do indivíduo encerrado em sua vida de paisano, que tinha uma família e um lar.

Havia papos intermináveis. Os praças se espichavam nos leitos com colchão, mas sem roupa de cama, ou se espalhavam pelos bancos. De vez em quando, alguém se esgueirava até o muro do quartel e, sorrateiro, pulava para a rua, indo encharcar-se de cerveja ou cachaça num bar da vizinhança.

Volta e meia, um tenente reunia a tropa e fazia a chamada. Os faltosos eram depois castigados com alguns dias de xadrez, mas, feitas as contas, dizia-se que valeu a pena.

O corpo da guarda, logo na entrada do quartel, uma pequena edificação térrea, parecia ser o degrau inicial na passagem de um indivíduo da condição civil à militar. Aquelas vinte e quatro horas de serviço eram como que a certidão de batismo nessa nova condição. Havia ali dois xadrezes: o comum e o dos presos de guerra, isto é, condenados por um tribunal militar ou à espera de julgamento. Lembro-me com muita gratidão de um indivíduo franzino, que eu pretendia soltar com os demais presos, e que me explicou: eu não podia soltá-lo com a condição de voltar à noitinha, pois isto implicaria em grave perigo para mim. Quanto aos demais, os presos disciplinares, o caso não era tão sério e resultaria, no máximo, se fosse descoberto, em poucos dias de xadrez. Aliás, esta soltura de presos constituía prática já consagrada e, provavelmente, conhecida dos oficiais.

O elemento básico, fundamental para a disciplina, era o temor ao comandante da unidade, o tenente-coronel Da Camino. Alto, empertigado, ele parecia a personificação das virtudes militares.

Todos o temiam, do soldado raso aos oficiais mais graduados, mas isto não impedia que se seguisse a natural tendência de procurar sempre uma brecha nos regulamentos. Assim, quando eu combinava com os presos vigiados por mim que voltassem no final da tarde, pouco antes da chamada obrigatória, estava seguindo a tendência natural de tornar o ambiente um pouco mais respirável. Sem dúvida, dois dedos de cachaça num botequim próximo faziam mais pela aceitação dos penosos encargos do que muitas horas de preleção grandiloquente e patriótica.

O tenente-coronel podia interpelar o praça sobre o botão que lhe faltava no uniforme e condená-lo a alguns dias de xadrez; uma tarde boa no botequim da esquina compensava bem aquele dissabor.

22

Um dos episódios mais impressionantes da fase que precedeu o embarque foi o exercício de salvamento em caso de afundar o navio-transporte em que iríamos viajar.

Todo o efetivo da bateria-comando, isto é, dois oficiais e pouco mais de cem praças, saiu caminhando sem cadência, na direção da estrada de ferro e entrou em vagões de trem, que nos levou à estação de Realengo. Saindo desta, caminhamos até uma praça, e vimos uma estrutura gigantesca, em forma de casco de navio, sobre a qual estava jogado um conjunto de cordas, com espaços para se colocar o pé.

O capitão Sousa comandou: "Companhia, alto!", e nos detivemos.

Depois de uma breve explicação, ele se dirigiu para aquela estrutura, seguido por todos nós. Fomos subindo por aquele cordame, agarrando-nos com força aos cabos e sem olhar para baixo. Nesta circunstância, qualquer escorregadela seria fatal.

Na minha frente, eu via o capitão subindo, enquanto eu também subia. Depois, eu o vi estacar, de repente, e ficar agarrado ao cordame. Passei ao lado, e ele estava pálido ao extremo, a pele de uma cor entre esverdeada e amarela. Seria uma ameaça de síncope? Mais um pouco e iria despencar. Passei ao lado e tive vontade de dizer: "Ânimo, capitão!", mas não me detive e continuei a escalada.

Avancei firme na subida, até chegar a uma plataforma estreita, depois da qual começava a descida, do outro lado. Embaixo, as casinhas de subúrbio pareciam de brinquedo. Pouco depois, o capitão chegava também à plataforma, ainda pálido ao extremo.

Foi com muita firmeza que efetuei a descida, em meio aos companheiros.

Um verdadeiro batismo de fogo!

23

O quartel ficou impedido e houve sinais evidentes de que nosso embarque estava próximo.

Embora tivéssemos ordem de não sair, pulávamos o muro e íamos prosear com os novos amigos em algum bar da vizinhança. Era evidente que os oficiais percebiam o que estava acontecendo, mas fechavam os olhos a estas transgressões.

O capitão Sousa reuniu a bateria-comando e comunicou-nos que íamos sair para manobra perto de Barra do Piraí, mas ninguém acreditou; tínhamos plena consciência de que íamos para um navio-transporte. Afinal, não tinha sido à toa que arriscáramos a vida naquele exercício sinistro na Vila Militar.

Comunicava-me com meus pais e Diná por telefone, mas eram conversas bem sumárias, com uma fila de gente esperando a vez de falar.

No quartel, percebia-se uma preocupação de acondicionar o indispensável e rejeitar o resto. Na primeira categoria entravam, certamente, as folhas de serviço de cada praça, com os elogios por bom desempenho e a "folha de alterações", com o relato de cada dia de xadrez e sua motivação. O capitão Sousa manifestava um cuidado especial por estes registros e eu o vi reclinado sobre caixotes, conferindo tudo.

Passamos uma noite no quartel, desta vez tendo lençol e travesseiro para dormir, e no dia seguinte prosseguiu a espera.

Eu via mocinhas chegando ao corpo da guarda e pedindo para chamar um soldado, no que eram atendidas imediatamente. Pensei que Diná bem poderia procurar falar comigo, mas, evidentemente, isso não aconteceu.

De tarde, um praça de serviço veio me dizer que eu tinha visitas esperando por mim no corpo da guarda. Fui até lá e vi meus pais, ele sobraçando um pacote.

Convidei-os a ir comigo a um bar da vizinhança. Meu pai e eu tomamos chope e minha mãe, um guaraná. Ele então me entregou o pacote: uma calça verde-oliva, talhada por nosso alfaiate. Era evidente que o exército não aceitaria aquela roupa talhada por um civil, embora ele imitasse muito de perto o uniforme militar. No entanto, mesmo não vendo possibilidade de utilizar aquela peça de roupa, fiquei muito comovido. Eu haveria de envergá-la mais tarde, quando passei cinco dias em Roma, onde não era mais comandado por oficiais brasileiros e podia me permitir o uso daquele objeto, obra de "paisanos".

Lanchei com meus pais e acabei voltando ao quartel.

Ali, no pátio principal, estava preparada uma fogueira de festa junina e nela foram parar as sobras da burocracia do capitão Sousa.

Fiquei me lembrando de uma tarde em que ele me havia chamado, perguntando o que estava fazendo ali, sendo ucraniano de nascimento, mas eu lhe opus os argumentos cabíveis no caso, isto é, no sentido de que a guerra era uma luta de todos etc., etc.

Foi anoitecendo.

> Ai-ai-ai-ai
> Tá chegando a hora...

Cantavam os praças, e eu nunca vivi um momento mais apropriado para esta canção. Depois, no navio-transporte, um soldado da infantaria haveria de repetir sempre aqueles sons, numa gaita de boca. O som da gaita infundia-lhe, então, uma dolência ainda maior.

Seguiram-se vivências que já descrevi uma vez: a caminhada pela rua do subúrbio, de calçamento irregular e luzes apagadas, as caras de expressão tristonha nas janelas, o trem igualmente sem iluminação, o navio-transporte norte-americano que nos esperava no cais e que se alçava majestoso na treva, o general sorridente, comandante da Artilharia da FEB, parado no portaló, e que foi apertando a mão de cada um, enfim a partida rumo ao desconhecido. "Adeus, Brasil!", como se interpretava aquele conjunto dos sacos A e B. "Adeus!"

24

Durante o ano e pouco em que estive fora do país, recebi muito poucas cartas de Diná, que resultaram numa decepção. Eu admirava o seu epistolário comercial: simples, direto, expressando sempre o essencial em poucas palavras. Agora, eu recebia uma prosa mole, repleta de lugares-comuns e que não me dizia nada. Seria a mesma pessoa? No entanto, eu fazia o devido desconto e ficava esperando a carta seguinte, sempre com ansiedade.

Mas, naqueles meses compridos que passamos em Silla, sob o bombardeio, num casarão de encosta, pertinho de Monte Castelo, as cartas de repente cessaram. O que teria acontecido?

E ao regressarmos, era nisso que eu pensava diante do panorama extraordinário do Rio de Janeiro, com aquele cenário magnífico de edificações e montanhas. Barcos sem conta vinham ao nosso encontro, com pessoas acenando lenços e gritando saudações. Impossível deixar de sentir, então, a garganta comprimir-se e ter um aperto no peito. Sim, eu venci, mas lá ficaram os outros, não dá para esquecer a lama e a neve daquele pedaço da Itália. "Questa bruta Italia!" – dizia-me um velhote amigo, numa casinhola perto de Porretta Terme, nos Apeninos.

O que se seguiu parecia desenrolar-se num turbilhão. E eis-me atordoado, confuso, no caminhão da Central de Tiro, descendo bem lentamente a avenida Rio Branco, em meio ao delírio da multidão.

Chegando em casa, foi outro delírio, desta vez de beijos e abraços. Meus pais haviam alugado, com outras pessoas, um barco a motor e foram me esperar na entrada da barra, mas, naturalmente, não conseguiram me ver no navio.

A mesa estava posta, com o indefectível *borsch*, a sopa de beterraba, tipicamente russa, que eu havia encomendado na única oportunidade que tive de enviar, pelo rádio, uma mensagem para casa, antes de nosso embarque de volta. Mas, agora, quem tinha condições de parar com os abraços e sentar-se à mesa para uma refeição?

Foi com um profundo suspiro que eu me deitei na cama, tão incrivelmente macia, tão acolhedora, depois dos leitos duros que utilizei durante um ano e pico.

25

Era estranho não haver nem sombra de Diná em meu regresso, sequer um telefonema. Liguei para ela no dia seguinte, de manhã. Sua voz me pareceu esquisita. Era evidente que não se sentia à vontade.

– Eu não pude assistir à chegada de vocês, porque minha mãe não estava bem.

Quando falei em nos encontrarmos, ela arranjou outra desculpa e mudou de assunto. O jeito era deixar aquilo de lado e entregar-me aos delírios do regresso.

Que bom envergar novamente meu terno paisano e sair sem ter que prestar continência a ninguém. Usei e abusei desta regalia, mas, assim mesmo, de vez em quando, envergava a fatiota verde-oliva, pelo menos quando tinha de ir ao quartel para simples apresentação. Parecia até que não faziam muita questão de nossa presença.

Houve festinhas em casa de companheiros cariocas e eu tenho a melhor recordação do modo como éramos recebidos.

A família do cabo Fust morava na Ilha do Governador e lá fui eu em minha roupa de paisano e minha perplexidade de recém-chegado a este mundo civil. A cunhada de Fust, bem morena e bonitona, me fez as honras da casa com todo o carinho. Foi uma bebedeira desenfreada, e uma das convidadas, mocinha da vizinhança, igualmente morena e bem rechonchuda, ficou sentada comigo, num papo quase interminável, regado a caipirinha. Depois, ficaria muito ofendida, pois não a convidei para a festinha que, depois de alguns dias, meus pais fizeram para recepcionar os meus companheiros mais chegados. Lembro-me do telefonema zangado que então recebi e que me deixou muito constrangido. Mas, que fazer? Eu só pensava em Diná e em como resolver aquela parada.

Diariamente, se ia à rua fardado, era detido por estranhos e tinha que desfiar histórias e mais histórias.

Lembro-me de uma tarde em que saí com um companheiro mato-grossense. Íamos fardados, pois nos apresentaríamos no quartel pouco depois. Pelo caminho, entramos num bar para um chope. Fomos logo cercados por umas mocinhas bem novas com bandeirolas de papel, para deixarmos nelas as nossas assinaturas.

Era um delírio, uma exaltação permanente. Todos queriam ouvir o que tínhamos a contar e eu me cansei de repetir as nossas histórias.

Finalmente, devido a minha insistência em que precisávamos conversar, Diná combinou comigo que eu iria domingo almoçar em sua casa.

26

No dia combinado, lá estava eu entrando naquele sobrado em Santa Teresa. Abracei Diná e, por aquele abraço de tão escassa participação de sua parte, percebi claramente que as coisas não estavam nada bem.

Aquilo parecia outro mundo. Eu não senti ali o carinho, a recepção efusiva que encontrava na rua.

Conversei com Diná no sofá bem conhecido, mas era como se estivesse voltando de uma viagem de recreio.

Finalmente, fomos chamados à mesa do almoço. O pai estava ausente, como de costume, mas, além das pessoas de casa, havia ali um rapaz bem moreno e que me cumprimentou cerimonioso. Feita a apresentação, Diná me explicou que era o professor particular de seu irmão. Durante a refeição, ele ficou conversando com este.

Fui dizendo:

– Mas eu já o conheço. Não se lembra daquela vez em que fomos ao cinema, os quatro, no centro da cidade?

Lembrei-me, então, de uma tarde em que Diná, a uns três ou quatro quarteirões do cinema, queria que eu saísse correndo na frente para comprar os ingressos, mas não me prestei àquela palhaçada e os comprei simplesmente tomando a dianteira, já perto da entrada.

Criou-se um mal-estar à mesa, mas remediei a situação contando casos e mais casos. Parecia que era só "abrir a torneirinha" e lá vinha um filão inesgotável.

Em certo momento, a mãe de Diná voltou-se em minha direção e disse:

– Eu não estou entendendo uma coisa. O senhor sempre se mostrou tão gentil, mas agora está voltando da Europa e não nos traz ao menos uma lembrancinha.

Este palpite me deixou enfurecido, mas fiz força para me controlar.

– Parece que vocês não compreendem. Eu estou voltando da guerra, a maior guerra da história. Para que entendam o que eu vivi, vou contar-lhes apenas um caso. Nós estávamos no povoado de Silla, pertinho de Porretta Terme, junto a um rio sem muita importância, o *fiume* Reno, diante de uma ponte bombardeada constantemente. Para impedir a regulagem de tiro pelo inimigo, os americanos instalaram máquinas fumígenas nas cabeceiras da ponte, que mudavam constantemente de lugar, para não serem localizadas. Vivíamos, pois, dentro de uma nuvem de fumaça, da qual só nos subtraíamos quando o vento a deslocava. Pois bem, um dia um avião norte-americano saiu com a missão de metralhar a máquina fumígena que os alemães tinham instalado diante de outra ponte dominada por eles, mas o piloto do avião errou o objetivo e o atirador acabou metralhando a máquina fumígena norte-americana. E como ela ficava junto a um prédio repleto de soldados, metralhou-os também, visando as janelas.

– Eu estava inclinado sobre a prancheta, quando ouvi entrar a primeira bala. Recuei imediatamente para a quina da janela, enquanto meus companheiros e o capitão que nos comandava se jogavam no chão. Olhei a janela e vi, além de uma fileira de pontos luminosos, um cano dirigido em nossa direção, o cano da metralhadora ponto cinquenta, cuja carga consistia em pentes de bala, uma era traçante, para orientar a pontaria, e as outras duas, perfurante e explosiva. Esta última se fragmentava ao encontrar qualquer obstáculo. Ela foi proibida pela Convenção de Genebra, mas ambas as partes a usaram desbragadamente nesta guerra, provocando ferimentos horríveis. Era a famigerada bala dundum.

– Na Central de Tiro, ninguém ficou ferido, mas, conforme eu soube depois, foi morto o soldado norte-americano da máquina fumígena, bem abaixo de nossa janela, e ficou ligeiramente ferido um praça de meu grupo de artilharia.

– Isso que lhes contei foi apenas um dos episódios que eu vivi nesta campanha. Agora, quanto a lembranças que eu trouxe, tenho realmente umas gravuras que vieram num estojo de projétil de 105 mm e que eu mandei enquadrar, mas ainda não estão prontas. Eu vou trazê-las da próxima vez ("isto se houver uma próxima vez" – acrescentei com meus botões).

Pouco depois, eu me despedia.

27

Como era bom encontrar-me com alguns companheiros num bar e ir tragando, bem devagarinho, um chope tirado com muita habilidade, uma verdadeira arte!

Uma tarde, eu estava com alguns companheiros, quando Diná passou por nós. Estava indo para seu novo emprego, no escritório da Metro Goldwyn Mayer.

– Estes são seus companheiros? – perguntou baixinho, olhando os rapazes com desconfiança, provavelmente surpreendida com seu ar de gente tranquila e pacífica.

– Sim, sim – disse eu. – Por quê?

– Porque eu estou revoltada com o que os soldados recém-chegados estão fazendo nesta cidade.

Referia-se, assim, a um caso relatado nos jornais, o de uma jovem estuprada numa das favelas do Rio de Janeiro por um ex-combatente.

– Ora, você está nos condenando em bloco por causa de um episódio isolado.

Ela se despediu de mim e então me dirigi com os companheiros ao bar em frente, onde passamos uma tarde magnífica.

Mas, pelo visto, aqueles meus encontros com eles não podiam passar, assim, em branco.

E uma outra tarde, estava num bar da Cinelândia com alguns deles, quando vi caminhando, de frente para nós, Diná de braço dado com o rapaz moreno que eu havia encontrado em sua casa. Lembro-me de que eu não disse nada, devo ter empalidecido, mas continuei sentado, sem dizer palavra.

No dia seguinte, eu lhe telefonei e disse que iria passar no escritório da Metro. Realmente, foi uma conversa difícil.

No final, ela me perguntou:

– E aquele dinheiro que eu fiquei devendo?

– Ora, deixa pra lá. Agora não adianta mais nada. Seja feliz, é o que lhe desejo.

– Boris, você não existe! – foram suas últimas palavras que ouvi.

Depois, não soube nada a seu respeito nem de sua família.

3. De Absurdo em Absurdo: Um Filme Sobre a FEB

É muito oportuno, sem dúvida, o filme brasileiro *A Cobra Fumou*, sobre os nossos soldados na Itália durante a Segunda Guerra Mundial, dirigido por Vinícius Reis, e até agora não exibido em circuito comercial. Sua grande virtude foi ter recolhido depoimentos de ex-combatentes, uns residentes em Brasília, outros no Rio de Janeiro, e registrado na Itália recordações de quem teve contato com soldados brasileiros. *Senta a Pua!*, realização de Erik de Castro, utiliza procedimento parecido em relação à nossa Força Aérea. Isto, além de uma exposição excelente de um professor italiano sobre a cruenta batalha travada por eles, de rua em rua e de casa em casa, que resultou na expulsão dos alemães daquele ponto vital para o avanço aliado rumo ao vale do Pó. Neste caso, realmente a cobra fumou, conforme o dito que se tornou corrente.

A evocação dá margem a um relato que infunde vibração e calor humano aos dados meramente factuais, tão comuns nos relatos de guerra e nas lucubrações sobre ela. Assim, outro dia surgiu em nossa imprensa, numa defesa da intervenção norte-americana na Ásia, a afirmação de que os bombardeios no Afeganistão haviam causado menos de mil mortes entre a população civil. Ora, não é o caso de se pensar no que representa para um país já completamente devastado por guerras civis e outra intervenção estrangeira ter perto de mil mortos entre os seus habitantes?

A Cobra Fumou, pelo contrário, concentra o foco no que a participação na guerra representou na vida de cada um.

A enfermeira conhecida como major Elza, a primeira enfermeira a se alistar como voluntária da FEB, diz: "Somos todos neuróticos", pois, de fato, é simplesmente impossível ficar imune à neurose da guerra. Imponente a figura dessa enfermeira, uniformizada e com medalhas de guerra no peito, e que se empenha, com muita eloquência e vivacidade, em manter acesa a lembrança de nossa luta na Itália.

Impressionante também é seu Rubens, padioleiro e, além disso, esclarecedor, isto é, explorador prévio do caminho a ser percorrido pela tropa, e que relata, após alguma vacilação, como ele perdeu a perna em Montese. "A minha perninha!", chega a exclamar depois que a emoção lhe destrava a língua. Isto nos recorda o sacrifício de tantos dos nossos, pois foi muito frequente na FEB. Além das explosões de minas, houve os casos de congelamento durante o quarto de ronda no *foxhole* (toca de raposa), isto é, cova aberta para ficar observando o inimigo.

Não menos impressionante é Carlos Scliar, curvado sobre seus desenhos de guerra[6], recordando com ênfase o que representa para um país ser devastado pela guerra em seu território. Vendo-o, na tela, lembro-me do que dizia um companheiro seu de unidade: "Ele é diferente, é uma criatura superior, basta olhar!" Mas, no fundo, seria tão diferente assim? Aquela sua identificação com o soldado na guerra lhe permitiu transmitir traços duros e essenciais do homem na hora da provação suprema.

Aparece no filme o barbudo e bonachão Miguel Pereira, gaúcho que ficou administrando o cemitério da FEB, em Pistoia, e, depois que os restos mortais dos combatentes foram transportados para o monumento-mausoléu no Rio de Janeiro, continuou cuidando do memorial pistoiense. Casado com italiana e tendo já acrescentado um toque estranho à sua pronúncia gaúcha, mantém sempre vivíssima a lembrança dos pampas. Caminhando entre as lápides, ele vai lembrando com carinho episódios ligados aos nomes assim conservados.

Um outro ex-combatente narra como, numa ocasião, entrou em Nápoles, guiado por um garoto (os famosos *scugnizzi* napolitanos, evocados com tanto carinho por Rubem Braga), num casarão onde encontrou deitado um homem doente e, ao lado, sua mulher, que pretendia entregar-se ao soldado em troca de um pouco de comida. O soldado largou, então, o que trazia de chocolate, cigarros (um verdadeiro tesouro, mas quem não passou pela experiência dificilmente pode avaliar o que representa para uma população a privação do fumo), latinhas de conserva de carne, e saiu correndo, completamente transtornado. Quase todos os brasileiros que lutaram na Itália passaram por experiências como esta.

Em suma, o filme é uma advertência direta, um grito de alerta, e nos transmite uma visão pungente do que representa uma guerra. E tudo isto em meio à suave paisagem italiana, captada com tanta sensibilidade, o que sublinha ainda mais o absurdo de tudo aquilo.

4. Legados da Ficção e da Memória[7]

O livro *O Legado de Renata* me surpreendeu e fascinou. Conhecia Gabriel Bolaffi há muitos anos, mas nunca suspeitei que ele pudesse elaborar algo tão revelador e explosivo. Professor e estudioso de Ciências Sociais, bem respeitado no meio em que atuava, surgiu-me, então, mais próximo e diretamente envolvido em problemas que me preocupam até hoje.

A emigração é sempre um trauma bem doloroso para uma criança. No entanto, ao contrário do que sucede com muitos, Gabriel procurou manter uma relação estreita com os familiares que permaneceram no país de origem, além dos vínculos com os que emigraram. E o que surpreende, realmente, é a franqueza absoluta com que narra os fatos. Não é fácil deixar de lado os pequenos pudores, a complacência natural com que se tratam os mais próximos, mas Gabriel atravessa esta barreira com a maior naturalidade, sem autocomplacência, com muita clareza e senso de humor.

Assim, apesar do carinho com que traça o retrato de sua mãe, Renata, que perpassa todo o livro, não deixa de assinalar sua afirmação ao escolher o lugar para moradia da família, após a chegada a São Paulo: "É preciso morar entre gente fina, pontificou, com seu mal disfarçado esnobismo"[8], o que levou a família a instalar-se em Higienópolis, apesar das dificuldades.

É com rigor implacável que ele documenta a ascensão financeira de seus familiares e, ao mesmo tempo, retrata uma época: "[...] valendo-se da inflação e sonegando impostos como só então era possível sonegar, foram inúmeras as empresas brasileiras de fundo de quintal que, do dia para a noite, transformaram-se em grandes indústrias"[9].

Admiráveis, igualmente, a coragem e franqueza com que trata do ingresso de seu pai no Partido Fascista, a exemplo de muitos outros judeus, o que não impediu Mussolini de promulgar as famigeradas "leis raciais", calcadas na legislação nazista e na suposta superioridade da "raça ariana".

Dono de memória incomum e de uma notável capacidade de pesquisa, o carinho com que trata os lugares de sua infância, abandonados aos cinco anos, não o impede de apontar a miséria humana ligada às situações de guerra e convulsão social. O quadro que ele apresenta, por mais vivo que seja, não pretende ser exaustivo, nem representa a situação geral dos judeus na Itália, durante o fascismo. Alguém certamente poderá alegar, e com razão, que era muito pior a situação dos judeus em Roma ou a dos que viviam ao norte do rio Pó. (Os pais do autor chegaram a residir em Turim, mas por um período bem curto.) Nada disso, porém, invalida o quadro apresentado com tanta vivacidade e segurança.

Muito interessante o método que elaborou para realizar o romance, pois se trata, de fato, de um romance: ele pesquisou o que realmente aconteceu, mas supriu com a imaginação os pormenores, acrescentando diálogos e tudo o que tivesse a ver com a vida interior das personagens, surgindo, assim, um panorama rico e com a marca do autor. Em suma, ele penetrou na zona ambígua em que o mundo da memória se mescla com uma aura ficcional.

No meu caso particular, o interesse na leitura foi reforçado pela lembrança que tenho dos lugares onde se desenrola boa parte da ação: Pietrasanta e arredores, ao pé dos Alpes Apuanos.

Foi, creio eu, em fins de outubro de 1944, num anoitecer chuvoso, que o caminhão enorme no qual íamos passou pela catedral e pelo casario da cidadezinha, antes de se deter diante de um galpão, para onde fomos carregando caixotes e outros objetos, e instalamos ali a Central de Tiro de meu grupo de artilharia. Arrumar a prancheta, fixar nela o mapa da região, marcar com tachinhas coloridas alguns objetivos para os tiros, efetuar cálculos, foram os passos seguintes, antes de me deitar sobre a manta estendida no chão.

Na manhã seguinte, o tempo estava claro e eu vi pela janela a escarpa abrupta e as grandes pedras lisas dos Alpes Apuanos. Continuei calculando tiros sobre posições alemãs lá em cima: no mapa que eu tinha na prancheta, apareciam as cidades de Massa e Carrara, ambas em poder dos alemães. Uma delas ficava fora do alcance dos nossos canhões e eu só calculei tiros sobre a outra.

Quando estava entretido nessa tarefa, chegou um capitão do grupo e me comunicou que ia me levar de jipe para outro povoado, nas proximidades de Lucca, onde ficava o comando do Terceiro Batalhão do Sexto Regimento de Infantaria e eu serviria de ligação com um destacamento norte-americano de tanques e um grupo de artilharia inglês. Reunidos meus pertences, subi no jipe e lamentei deixar Pietrasanta, pois tinha muita curiosidade de ver a catedral e o que mais houvesse ali de obras de arte. E infelizmente, só voltaria mais de uma semana depois, quase duas talvez, para acompanhar a minha unidade no deslocamento para o vale do Serchio. Por conseguinte, continuo com água na boca, devido às alusões de Gabriel ao que existe para ser visto em Pietrasanta.

Outras passagens do livro tratam igualmente de assuntos que me são bem familiares. Passados perto de setenta anos, eles continuam muito presentes na memória. Às vezes, dá vontade de discutir as afirmações de algumas personagens. Vou citar um exemplo.

Um avô de Gabriel, Icílio Terracina, foi oficial de artilharia italiano, na Primeira Guerra Mundial, e vivia delirando com os comandos de tiro. Pois bem, a terminologia desses comandos era a mesma que eu aprendi e utilizei até o final da guerra. A própria técnica de regulagem dos tiros era essencialmente a mesma que eu assimilei em 1944-1945. Somente quando já íamos nos lançar na ofensiva final, apareceram instruções para uma técnica diferente, inclusive com a utilização do controle remoto, mas quase não chegamos a utilizá-las.

Escondido numa pequena localidade nos Alpes Apuanos, Icílio ficava indignado com as ratas da artilharia norte-americana. Para explicar sua origem, baseou-se num episódio por ele observado: um general ianque era servido, na casa em que se hospedara, por garçons que vestiam *summer* branco. Isto seria para Icílio, certamente, o típico de relações senhoriais com os inferiores e uma futilidade incompatível com o espírito militar.

Aliás, este fato por ele observado está de acordo com o que o escritor italiano Curzio Malaparte conta em seu romance *La Pelle* (A Pele), cuja ação decorre na cidade de Nápoles, pouco após a ocupação pelos Aliados. Mas, ao mesmo tempo, está em completo desacordo com o que pude observar nos contatos que tive com militares norte-americanos.

Segundo percebi então, tinha-se ali, mais propriamente, relações de trabalho. Havia muito mais comunicação e camaradagem do que em nosso exército, sobretudo na artilharia, onde se deu minha experiência. No entanto, é verdade que, entre os norte-americanos, havia um racismo estranho, e só este fato já é suficiente para anular a vantagem que levavam sobre nós.

Foi em uma tese de doutoramento, de César Campiani Maximiano, baseada, inclusive, em bibliografia norte-americana, que encontrei uma explicação para o que eu havia observado[10]. As relações entre oficiais e praças, no Exército norte-americano, se transformaram completamente depois da mobilização em massa, podendo-se, a partir de então, falar de "uma nação em armas". Enfim, temos aí um quadro completamente diverso do Exército norte-americano hoje, constituído praticamente de mercenários, devido ao fim da conscrição obrigatória.

Outras recordações de Gabriel batem igualmente com as minhas. É o caso daquele povoado no alto dos Alpes Apuanos, Rosignano Marittimo, em contraste com a cidadezinha praieira Rosignano Solvay, que tem este nome por causa de uma fábrica de soda cáustica ali instalada. Aquele Rosignano Marittimo sempre me espantava quando eu o via no mapa. Ocorria, assim, verdadeira inversão: marítimo era o que estava no alto da montanha, enquanto a bonita cidade de praia devia seu nome à horrível usina de soda. Era um panorama arrevesado que eu tinha pela frente ao pregar tachinhas coloridas no mapa da região, nos escassos e improdutivos exercícios que tivemos com alguns sargentos norte-americanos, antes de nossa estreia na linha de frente.

Enfim, lidando com situações dramáticas e contundentes, *O Legado de Renata* nos traz também o cheiro e o colorido das terras da Itália e da vida que se desenrolou ali no período abordado. Cheiro e colorido que permanecem, mesmo depois que as personagens emigram para o Brasil.

História puxa história, conversa puxa conversa, imagens bem demarcadas fazem surgir outras imagens, o mundo suscitado por este livro de Gabriel Bolaffi fez ressurgir em mim, com intensidade, um outro mundo, uma sucessão de acontecimentos ocorridos na mesma época.

Cada leitor certamente criará suas próprias imagens, a partir dos quadros ali apresentados. E o livro marcará seu próprio caminho, com a presença forte que a ficção tem em nosso mundo.

5.   No Limiar da Palavra[11]

Agora, vou tratar, retomando minha experiência pessoal, de um acontecimento em setembro de 1944, quando o Primeiro Escalão da Força Expedicionária Brasileira estava acampado junto a uma estrada, nos arredores da cidadezinha de Vada, ao sul de Pisa, bem perto da linha de frente. Ali já ouvíamos um reboar longínquo, e o chão estremecia com o fragor de enormes caminhões que transportavam o necessário para as tropas no *front*.

Os alemães tinham saído dali às carreiras, o que podia ser testemunhado facilmente pelas tabuletas com letras garrafais: "Achtung! Minen!", encimadas por uma caveira sobre duas tíbias cruzadas, e que eles não tiveram tempo de eliminar.

Ficávamos olhando de esguelha para aquelas advertências, onde a caveira e as tíbias já nos davam a tradução daquelas palavras: "Cuidado! Minas!" O local das tabuletas fora cercado por fitas brancas e os limpa-minas norte-americanos se encarregariam, depois, de esquadrinhar o terreno.

Aqueles avisos acabavam tendo algo pungente, pois lembravam que soldados nossos da infantaria já haviam sido vitimados por uma explosão.

De vez em quando, encontrávamos objetos de uso pessoal abandonados pelos alemães na fuga precipitada. Assim, um companheiro me presenteou com o seguinte retrato, encontrado na carteira de um soldado inimigo.

Até hoje, a alegria no rosto daqueles jovens só me causa mal-estar. Era a alegria dos que estavam pisando territórios invadidos. Como verbalizar aquilo? Como encontrar uma

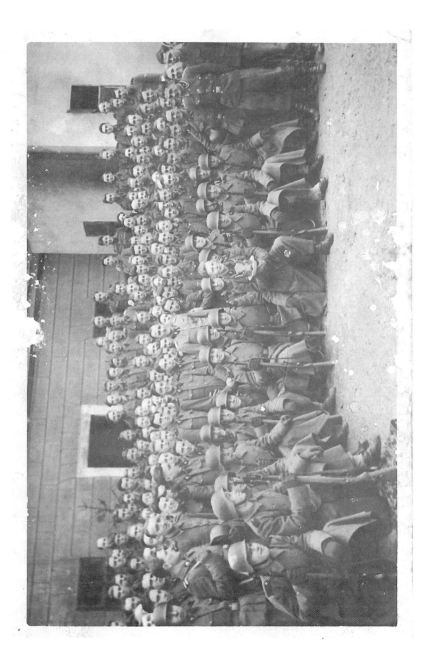

tradução? Pois esta exige, certamente, um mínimo de linguagem comum. E não estaria aí o limite do traduzível, o limiar da palavra?

Vendo este retrato, não posso deixar de lembrar: antes que eles expressassem aquele sorriso triunfante, as terras da Itália foram esvaziadas de judeus, ciganos e suspeitos de esquerdismo, em razias executadas pelos próprios italianos de Mussolini, num trabalho que foi "aperfeiçoado" depois pelos ss.

Como não lembrar, por trás destes sorrisos, os fornos crematórios, a abjeção e ignomínia daqueles anos?

Realmente, a palavra humana tem o seu limite intransponível, sua barreira final.

Post-Scriptum em 2008

Este episódio foi narrado por mim para este livro bem no comecinho deste século. Os fatos a que me referi continuam a me perturbar.

O livro de Hannah Arendt, *Eichmann em Jerusalém*[12], trouxe-me alguns dados que parecem desmentir o que escrevi ali.

Ela narra, por exemplo, uma história que veio à tona durante o julgamento de Eichmann. Anton Schmidt, soldado do exército alemão na Polônia ocupada, ajudou guerrilheiros judeus, fornecendo-lhes material de combate, e acabou executado pelos nazistas.

Além disso, ela cita o livro de um médico alemão, que serviu no exército em ação na Rússia, Peter Bamm, *Die Unsichtbare Flagge* (A Invisível Bandeira), de 1952. O autor narra as atrocidades dos ss, mas ressalta a "decência" do soldado alemão comum. Ademais, numa estada na Alemanha em 1988-1989, tivemos contato com uma alta funcionária do sistema bibliotecário alemão que era judia, fora criada como filha e registrada como tal, por uma família cristã.

A quem dar crédito? Não faltam livros que narram a adesão do alemão comum à violência nazista. E sobretudo, são muito fortes as imagens que mostram a população alemã dançando nas ruas e emborcando copázios de chope, após a notícia de alguma vitória do exército nazista, como se vê em filmes baseados em documentários alemães da época. Lembro-me também da foto de uma praça de Nuremberg, pouco depois da Noite dos Cristais, onde aparece multidão risonha, exultante, vendo passar famílias judias, com velhos, mulheres e crianças, carregados com seus pertences e escoltados por militares armados, a caminho da estação ferroviária, de onde iriam para os campos de concentração.

Tudo isto é forte demais, e eu só posso transmitir a minha perplexidade no limiar da palavra.

6. Andanças no Purgatório

I

Depois de uma viagem curta de jipe, ao lado do capitão Cintra, feita em completo silêncio, pois as normas não escritas de nosso cotidiano na artilharia impediam quase totalmente o convívio entre oficiais e praças (exceção: a turma do observador avançado, que ficava junto da infantaria e acabava assimilando os seus costumes), eis-nos subindo uma rampa não muito íngreme em direção a um pequeno castelo do século XVII, pertinho de Lucca[13].

O jipe se deteve na entrada do castelinho e entramos num vasto salão completamente despojado, onde vi inúmeras mantas no chão e a mistura, incrível para nós da artilharia, de oficiais e praças brasileiros: ali ficava o Comando do Terceiro Batalhão do Sexto Regimento de Infantaria. O capitão me apresentou ao major-comandante, um homem meio ruivo, de estatura média, e que me acolheu cordialmente. Aquilo parecia um outro mundo!

Fixando mais o olhar, vi que o salão estava repleto de mantas estendidas no chão, enquanto os seus ocupantes ficavam de pé, conversando entre si. Para minha surpresa, havia ali oficiais e sargentos, mistura que os oficiais de artilharia iriam considerar descabida. Pouco depois, apareceu um sargento norte-americano que se apresentou a mim, dizendo que fora destacado para ficar a meu serviço. Mais tarde, apareceu também um segundo-tenente inglês, louro e de baixa estatura, que me fez uma continência em regra, como se eu fosse um superior hierárquico. Era evidente:

tratava-se de alguém pouco afeito à vida militar, um paisano arrebanhado às pressas.

Depois de uma conversa puramente formal, o oficial inglês me comunicou que o time de futebol de sua unidade ia disputar naquela tarde uma partida com outra unidade britânica e me pediu autorização para ir assistir ao jogo, com o que eu concordei imediatamente.

Aliás, a partir de então, seria este o contato único entre mim e aquele inglês esquisito, pois a sua unidade estava sempre em disputa de futebol com outras unidades britânicas. Já o sargento norte-americano me procurava às vezes para longas conversas vadias, quando ficava recordando os bons tempos de sua mocidade num lugarejo perto de Boston. Outros longos papos eu tinha com um sargento do Sexto, um rapaz de classe média, muito desajeitado, e evidentemente deprimido por causa da falta de qualquer convívio feminino.

Realmente, o serviço à Pátria não nos exigia ali quase nada. O Sexto Regimento de Infantaria estava enfrentando o inimigo no Vale do Serchio; a comunicação com a tropa na linha de frente se dava por telefone ou rádio, mas não havia muito a fazer. Bem de raro em raro, eu recebia um pedido de tiro sobre determinadas posições alemãs e o retransmitia a uma bateria inglesa de alcance superior ao dos nossos canhões. Depois, comunicava à infantaria brasileira que o pedido fora satisfeito.

O sargento americano e o tenente inglês alojavam-se no porão do castelo, e era sobretudo lá que eu batia papo com meu colega ianque. Lembro-me de uma vez em que ele me pediu licença e foi tomar o seu *horsebath* (banho de cavalo), antes de uma escapada a Lucca, naturalmente autorizada por mim. O tal "banho de cavalo" consistia em passar no corpo uma esponja embebida em água e sabão e não parecia grande coisa, do ponto de vista da higiene.

Percebia-se bastante nervosismo entre os brasileiros, ansiosos por se juntar aos compatriotas, ocupados, então, numa operação muito perigosa, no Vale do Serchio.

Ao mesmo tempo, porém, ia-se aguentando aquela pasmaceira no castelo. Às vezes, eu via o dono, cinquentão e moreno, e costumava cumprimentá-lo. Via também passar a sua única empregada, mulher baixinha e feia, sempre encolhida.

Descobri num canto do salão uma pequena estante de livros e foi uma festa. Eram quase exclusivamente livros de arte em italiano. Lembro-me do grande espaço reservado ali às gravuras de Piranesi. Data de então o meu apego a essas obras, sobretudo à série das prisões. Meses depois, eu compraria, num antiquário de Roma, durante uma licença e pagando bagatela, um Piranesi, uma vista magnífica da romana Piazza Navona, e que tenho agora à vista, enquanto vou batucando estas lembranças em minha Olivetti.

Um dia, o major me viu sentado sobre a manta, com o livro aberto na frente, e me repreendeu, embora eu lhe assegurasse que não pretendia apossar-me do volume. "Mas você não pode usá-lo sem permissão de seu dono. Temos de respeitar a todo custo a propriedade dos habitantes!" Em todo caso, este episódio interrompeu o meu trato com aqueles livros e tornou mais difícil suportar aquela inatividade forçada.

Um belo dia, o major me chamou e comunicou que eu ia participar de uma excursão de reconhecimento, pois o comando norte-americano queria verificar *in loco* se havia condições para deslocar uma coluna de tanques em apoio da tropa brasileira no Vale do Serchio.

Vi chegar, então, à porta do castelinho, um jipe, no qual estavam um capitão norte-americano, bem louro e robusto, e o sargento meu amigo. Subi para o carro e ficamos bem apertados ali, o capitão agarrado ao volante.

O jipe foi subindo e descendo umas perambeiras loucas, de terra batida, e passou por uma pontezinha. O capitão ianque deteve, pois, o carro e, virando-se para mim, disse: "Não! Os meus tanques não passam por aqui!"

Voltamos e eu fui comunicar esta decisão ao comandante do batalhão. Lembro-me do desapontamento que apareceu então no rosto dos oficiais brasileiros. Um tenente com quem eu conversava bastante ficou repetindo: "Mas tanque não foi feito justamente para vencer obstáculos? Estes gringos estão é com má vontade!"

Enfim, não havia o que fazer. No dia seguinte, o pessoal do batalhão se despediu de mim e montou em caminhões, em direção da estrada onde eu tinha participado daquela operação de reconhecimento.

2

Eis-me agora ocupando sozinho o castelo. Um pouquinho abaixo, ficara a cozinha do comando, cuja função única, a partir de então, seria preparar as minhas refeições. E, sobretudo, eu tinha agora, à disposição, a cobiçada estante de livros.

A primeira coisa que fiz foi apanhar o colchão do major-comandante e levá-lo para o lugar de minha manta. Enfim, depois de tantos meses, era a primeira vez que eu podia me espichar sobre um colchão de verdade.

Vendo passar a empregada, pedi que avisasse ao patrão que eu queria falar com ele. Quando chegou, eu disse em meu italiano arrevesado: "O comando do batalhão foi embora. A partir deste momento, o castelo é seu novamente. Quanto a mim, preciso apenas deste cantinho e, se me dá licença, vou usar os livros da estante, que me interessaram muito."

O homem se retirou bem contente, e eu voltei ao abençoado colchão e às minhas leituras.

Além dos livros de arte, só encontrei uma obra de ficção, esta em francês: os contos do volume *Femmes d'artistes* (Mulheres de Artistas), de Alphonse Daudet, cuja leitura resultou para mim numa grande frustração. É que eu ainda não conhecia os livros da fase mais tipicamente naturalista desse autor, a não ser o romance *Numa Roumestan*, história de um deputado meridional, que me encantara com sua abordagem irônica e penetrante. Mas o nome Daudet estava ligado para mim, sobretudo, às *Lettres de mon moulin* (Cartas de Meu Moinho), com sua sutileza irônica e, ao mesmo tempo, poética, e que me parecia verdadeira obra-prima. Isto acrescido do *Tartarin de Tarascon*, que me divertira muito.

Eu sabia da atuação reacionária, realmente fascista, de seu filho, Léon Daudet, um dos precursores da França de Vichy, mas foi preciso que se passassem muitos anos até que eu lesse o livro autobiográfico de Alphonse Daudet, *Le Petit chose* (A Pequena Coisa), no qual ele mostra, a par das páginas tocantes de sempre, o que deve ter sido a sua verdadeira face, isto é, o seu aspecto racista, as suas posições pré-fascistas, pois, numa das passagens do livro, ele narra com repugnância o seu encontro com uma beldade negra, sua vizinha no prédio[14]. Além disso, é conhecida a sua posição antissemita nos debates em torno do caso Dreyfus. Mas, lendo-o, por ignorância, eu não pensava em nada disso.

Quando saí para jantar, junto à cozinha, na ladeira, onde eu comia em pé, encontrei novamente a empregada do castelo, que me transmitiu o convite do proprietário para almoçar com ele no dia seguinte.

Na hora combinada, ela veio me orientar sobre o caminho a seguir. Lembro-me de que subimos por uma rampa e, depois, uma escada em caracol. A mesa estava posta numa saleta aprazível, bem clara, e o dono do castelo me esperava em companhia de uma vizinha, uma senhora argentina, jovem, morena e bonita, casada com italiano. Fiquei sabendo que o marido estava ausente e, seguindo a praxe consagrada na época, evitei qualquer pergunta sobre onde ele se encontrava, pois havia as seguintes possibilidades: 1. *prigioniero in Germania*, isto é, levado para trabalhar na indústria bélica alemã; 2. lutando nas fileiras dos *partigiani* ou dos fascistas de Mussolini.

Tentei conversar com a jovem senhora, mas então, pela primeira vez, me defrontei com a triste realidade dos nossos contatos pessoais com os vizinhos de língua espanhola: eu compreendia tudo o que ela dizia e ela reagia ao meu português como se eu estivesse falando chinês ou vietnamita. Em vista disso, tive de voltar ao meu italiano mambembe.

Lembro-me de que, durante o almoço bem frugal, devido ao racionamento, nossa conversa evitou os assuntos escabrosos, mas, em certo momento, ouvi que o anfitrião e a convidada comentavam entre si a triste sorte de *questi giovani* (destes jovens), que foram arrancados de suas famílias para lutar numa terra tão distante e de clima tão adverso.

Depois, um belo dia, recebi a notícia de que devia preparar-me para voltar à unidade, e eis-me novamente num jipe, ao lado do mesmo capitão nada loquaz.

3

No dia seguinte ao meu regresso, carregamos tudo para os caminhões junto ao nosso galpão e pusemo-nos a caminho, isto é, passamos a percorrer a mesma estradinha recusada pelo capitão norte-americano para os tanques. Eu vi na frente os caminhões das baterias de tiro, cada qual com um canhão atrelado, e pensei horrorizado: "Como vamos sair-nos desta?"

Assim mesmo, fomos perambeiras avante, sofrendo os solavancos do caminhão e, de vez em quando, quase atolando na lama. Lembro-me de que atravessamos um bosque não muito denso, mas acabamos empacando.

Apareceram uns garotos carregando pacotes, abriram-nos e foram nos oferecendo nacos de polenta, que iam cortando com fio de linha, sem pedir nada em troca. Era uma surpresa, pois estávamos cansados da eterna cantilena de peditório: "Eh, paisano, tedesco ha portato via tutto..." Eu gostaria de dar-lhes algo mais substancioso, mas só consegui encontrar cigarros Yolanda, uns destronca-peito horríveis, com uma loura estampada na cobertura do maço, e que os italianos apelidaram de *bionda cattiva* (loura ruim). Os garotos agradeceram assim mesmo.

Começou a chover e era triste ver aqueles caminhões atolados na lama, sob a chuvarada inclemente. Em todo caso, houve uma estiada e pudemos ir até a cozinha e entrar em fila para o almoço.

Finalmente, os caminhões se puseram em movimento e avançamos mais um pouco por aquelas perambeiras.

Mas, de repente, a coluna de caminhões empacou de novo. Como? Por quê? Não se sabia, mas se a ordem era parar, não havia o que fazer.

Começou a escurecer e o primeiro-sargento Silva, um homem de barbicha rala e grisalha e olhos que pareciam sempre assustados, o sargenteante da bateria-comando, veio explicar que a cozinha não estava funcionando e que íamos receber ração fria. Pouco depois, voltava acompanhado de um soldado que sobraçava uma grande caixa de papelão, de onde foi tirando os pacotes de ração K, a ração de combate do exército norte-americano.

Eu gostava muito daquela ração e lembro-me até hoje do gosto daquele pedaço de queijo e dos biscoitos que o acompanhavam.

Ficamos sentados dentro dos caminhões, sem espaço sequer para estender as pernas. Escureceu de vez e fomos preparando o espírito para dormir assim mesmo.

Já noite adentro, cabeceando de sono, acabei me estendendo no chão, mas, se me mexia um pouco, batia com a cabeça no tripé de uma metralhadora ponto cinquenta, desmontada e depositada ali.

Lembro-me das batidas da chuva na lona do caminhão e do meu esforço para dormir assim mesmo. "Você não quis vir para a guerra?" – dizia com os meus botões – "Agora, aguente!"

Em dado momento, apareceu fogo na parte da frente do caminhão, mas o motorista, cabo Fernando, logo aplicou ali o extintor de incêndio e tudo se resolveu a contento.

Foi amanhecendo e a chuva passou. Descendo do caminhão, pudemos ir conversar com os companheiros do carrão vizinho. A cozinha voltara a funcionar e pudemos tomar em ordem o nosso café com mingau.

O jeito mesmo era esperar.

Na manhã do terceiro dia, os caminhões foram postos de novo em movimento. Não estava mais chovendo e um sol prazenteiro parecia dar ânimo a cada um.

Após percorrer um bom trecho de caminho, subindo e descendo morros, a coluna de caminhões entrou num trecho de serra de onde se divisava um descampado com várias casinhas espalhadas. Depois de uma curva, nos deparamos com um espetáculo insólito.

Um segundo-tenente, aliás bem moço, não sei se oficial de carreira ou convocado, estava comandando verdadeira operação de salvamento. Usando uma árvore como ponto de apoio, tinha improvisado uma polia para cada um dos carros da coluna, usando para tal fim grossas correntes.

É impressionante como a capacidade de organização e o espírito construtivo de uma só pessoa podem ser decisivos para resolver o problema de toda uma coletividade. Eu via os superiores hierárquicos desse tenente obedecerem a suas ordens, como se fossem meninos.

Lembro-me de que, impelidos por aquele exemplo, passamos a empenhar-nos totalmente para sair do atoleiro. Só sei que, no decorrer desta ação de salvamento, ajudei a empurrar caminhões e as peças de artilharia das baterias de tiro. E também ajudei, ao lado de meus companheiros, a alargar a estrada, desbastando rochas a picareta.

E lá estava o segundo-tenente, bem jovem, bem louro, (que, de quando em quando, soerguia o capacete de cortiça e passava um lenço nos cabelos encharcados de suor), comandando a operação e dominando tudo e todos. Eu o via preocupado com o fato de que a árvore escolhida como ponto de apoio da polia fosse suficientemente forte e aguentasse bem o empuxo.

Este episódio me lembra sempre aquela passagem das *Memórias do Cárcere*, de Graciliano Ramos, em que ele mostra como, no navio-prisão em que viajava, um líder nato, no caso, Agildo Barata, o capitão que havia comandado, no Rio de Janeiro, a insurreição do Terceiro Regimento de Infantaria, em 1935, e cuja mera estada ali galvanizava os demais e era capaz de induzi-los a atuar como ele quisesse. É evidente que, neste caso, Graciliano Ramos desmente Tolstói que, em *Guerra e Paz*, discorre longamente sobre a desimportância dos chefes e comandantes, pois quem decidiria as grandes movimentações humanas, numa guerra, seria o conjunto dos indivíduos, nunca os seus chefes.

Enfim, meu grupo de artilharia, com canhões e tudo, conseguiu safar-se daquela senda perigosa. E eis-nos numa estrada mais regular, asfaltada e de trânsito normal.

Finalmente, apareceu um rio bastante estreito e de águas tumultuosas. Era realmente o Serchio, em cujo vale nossa infantaria estava enfrentando batalhas duríssimas.

Depois de um trecho de estrada, os caminhões dobraram à direita e penetraram no povoado de Borgo a Mozzano. Nosso caminhão se deteve diante de um sobrado.

Fomos descarregando ali os materiais da Central de Tiro, que ficou instalada numa saleta de entrada. Soube, então, que ia dormir num prédio em construção. Instalada a Central, fizemos alguns cálculos e fomos dispensados.

Depois do jantar, fui com alguns companheiros para o local de nossa dormida. Subimos por uma escada de pedreiro até a cobertura de um pequeno prédio de três andares (incluindo o térreo), em cuja cumeeira estendemos nossas mantas para dormir. De olhos abertos, eu via o céu noturno do Hemisfério Norte e, como a noite fosse clara, poderia localizar as respectivas constelações.

"E se chover?" – pensei assustado, pois a hipótese era mais que provável. Mas, deixando de lado os pensamentos sombrios, e decidido a entregar-me à sorte sem resmungar, acabei adormecendo, embora estivesse preocupado com o rapaz que dormia na beira daquela cobertura e dava mostras da maior tranquilidade.

4

Mal eu tinha adormecido, fui despertado por Birundinha, o cabo designado para se revezar comigo, mas que não dispunha, de modo algum, de condições para aprender a calcular tiro. Seu apelido provinha de "biruta", o balãozinho alongado, puxado por avião, nos exercícios de tiro no navio-transporte em que viajamos.

Baixo, magrinho, sempre assustado e encolhido, era excelente pessoa, mas evidentemente estava sobrando ali, de modo que sempre tinha medo de ser transferido para a turma do observador avançado. Em todo caso, ia maneirando e procurando me ajudar no que fosse possível (muito pouco, aliás).

Desci às carreiras a escada de pedreiro, mas, antes de entrar na saleta da Central de Tiro, caí num tanque de água que ficava junto à entrada. Era o buraco aberto no chão para o preparo da cal necessária à construção. Levantei-me escorrendo água e fui apresentar-me, assim mesmo, ao capitão Melo.

Tendo recebido ordem de calcular tiro sobre determinada posição alemã, logo me desincumbi da tarefa e fiquei me aquecendo junto a uma estufa móvel, instalada num canto da saleta. Despedi-me do capitão e dos companheiros e fui completar o sono interrompido, sem maiores consequências.

No dia seguinte, aproveitei o intervalo do almoço, quando o capitão me substituía, e fui com alguns companheiros ver ali perto a Ponte del Diavolo, uma ponte medieval de pedra, bem estranha, pois seu traçado se assemelhava a um acento circunflexo, isto é, havia uma rampa ascendente e, depois, uma descida.

Passamos alguns dias em Borgo a Mozzano, mas quando já estávamos começando a nos acostumar ao lugar, veio uma ordem de deslocamento. Subimos nos caminhões e fomos a um povoado próximo, isto é, um conglomerado de cinco ou seis casarões de quatro a cinco andares.

5

Instalada a Central de Tiro, reiniciei meus cálculos. Foi escurecendo e combinou-se que eu dormiria ali mesmo, na sala maior do casarão, onde havia uma grande mesa, junto à qual ficávamos efetuando os nossos cálculos. Deste modo, não haveria necessidade de me chamar quando houvesse um pedido de tiro. Eu dormiria em cima da mesa, a cabeça quase encostada no telefone.

Efetuaram-se então os cálculos da "dieta noturna", isto é, os tiros que seriam disparados de noite, e que se efetuavam sem nenhuma regulagem pelo observador avançado, "tiros de inquietação", como se dizia, e que eram completamente imprecisos. Aliás, recebíamos de noite o mesmo tipo de bombardeio, mas que nem chegava a acordar-nos.

Naquela noite, depois que todos se retiraram, ajeitei umas roupas junto ao telefone, fiquei de ceroulão em cima da mesa e mergulhei num sono profundo. Em dado momento, porém, sonhei que estava deitado sobre um monte de lixo e fui me deslocando para evitá-lo. Mas desloquei-me tanto que acabei caindo da mesa e batendo com a base do crânio no chão de ladrilho. No entanto, passado o susto e tendo constatado que não havia maiores consequências, voltei a dormir.

6

Uma noite, eu acabara de adormecer quando apareceu o tenente norte-americano que servia de ligação entre o Quinto Exército norte-americano e a FEB. Levantei-me às pressas e ficamos conversando.

Eu me lembro bem daquele tenente. Era muito ruivo, o tipo do judeu do Brooklin, provavelmente de uma família de judeus russos como eu.

No entanto, o costume que eu tinha de não conversar com meus superiores hierárquicos sempre me tolhia, e eu ficava calado enquanto ele se expandia falando. Mais tarde, eu teria longos papos com um sargento ianque, igualmente judeu, no trem que me levava de Roma para o Norte por ocasião de minha licença, e que me mostraria, emocionado, um jornalzinho do Brooklin, em inglês, onde havia o retrato de seu irmão único, morto em combate numa ilha do Pacífico. Mas, naquele momento, naquela sala intensamente iluminada, fiquei calado, esperando o que o oficial tinha a dizer.

Depois de me perguntar pelos meus superiores, e informado de que estavam dormindo, não quis acordá-los e ficou desabafando.

— Eu não consigo compreender o que pretende o comando de vocês. Está bem, já ocuparam umas alturas, de onde dominam posições inimigas. Mas é evidente que o alemão não vai permanecer bem quietinho, enquanto os homens de vocês ficam instalados lá em cima com vista para as posições deles até Castelnuovo di Garfagnana. Sem dúvida, é inevitável um contra-ataque esmagador. Já tivemos aquela investida de uma tropa ss gritando "Heil, Hitler!" e avançando furiosamente. Uma companhia de vocês se retirou, mas eu tenho certeza de que foi apenas um começo. Eles vão voltar com toda a força, e o que fazer então? Não há reservas suficientes para detê-los. Eu só estou pensando nos homens de vocês e no que isto vai custar de sacrifícios. Será que o comando não pensa no que isto deve custar?

Eu não sabia o que responder a este oficial desesperado e humano, tão diferente do capitão Melo e dos outros oficiais de minha unidade.

7

Finalmente, nessa noite veio a ordem para nova mudança de setor. O capitão Melo, muito aflito, ficou esfregando as mãos.

– As linhas telefônicas já foram recolhidas e eu não consigo comunicar-me pelo rádio. E logo agora a infantaria está pedindo tiro sobre posições do inimigo. O pedido tem que ser retransmitido para a bateria inglesa. Mas como podemos nos arranjar?

– O único jeito é alguém ir até a bateria inglesa e entregar em mãos o pedido de tiro.

– Mas quem vai fazer isso?

– Eu me ofereço – repliquei num impulso.

Agasalhei-me bem, inclusive com o capuz passa-montanha, presente enviado por uma senhora vizinha nossa no prédio em que eu morava com meus pais, em Copacabana, e que me cobria o rosto. Em seguida, apanhei o papel com as coordenadas dos tiros a efetuar.

Fiquei muito contente, pois era a oportunidade para sair daquela pasmaceira no casarão. Apanhei a carabina, meti a bala na agulha e travei a arma.

Saí para a estrada, segurando a carabina. Ia contente, assobiando baixinho, feliz por me encontrar fora.

A estrada estava deserta. Via ao longe as montanhas, com as cumeeiras cobertas de neve, um deslumbramento! "Quando é que ela vai chegar até aqui?" – pensei.

Avancei caminhando pelo acostamento. Depois de uma boa estirada, vi um bangaló à beira da estrada. Era o lugar do comando da bateria inglesa.

Bati à porta de entrada e veio abri-la um soldado. Identifiquei-me, disse-lhe do que se tratava e entrei no recinto.

Estavam ali, misturados, praças e oficiais ingleses, todos bebendo em suas tigelas de lata um café com leite misturado com uísque. Eles me ofereceram a bebida (uma delícia!) e ficamos ali confraternizando, enquanto eles transmitiam minha solicitação para as peças de tiro.

Finalmente, ouvi o estrondo dos disparos. Muito contente, apertei a mão de cada um e saí para a estrada. Fazia bem ver aquela coletividade de oficiais e praças, sem divisões bobas, unidos no esforço de vencer o inimigo.

Lembro-me de que saí dali com uma vontade louca de pular e cantar, tudo tão diferente daqueles dias sombrios no casarão. Fui avançando pela estrada em direção a minha unidade, contemplando as montanhas e os campos. Nessa disposição de espírito, fui me aproximando do povoado inóspito em que nos alojamos. Mas, de repente, vi uma carabina apontada para meu peito. Fixando a vista, constatei que os meus atacantes eram dois negros norte-americanos, muito franzinos e pálidos de susto, e que certamente acreditavam ter apanhado um militar alemão. Identifiquei-me imediatamente e mostrei-lhes a plaquinha que trazia no pescoço, com meu nome e o da unidade a que pertencia (aliás, as plaquinhas eram duas: em caso de morte, uma iria para a cruz de madeira do respectivo túmulo, a outra seria enviada à família).

Eles disseram que tinham de me levar até um tenente de sua unidade e foram me conduzindo pelo povoado deserto. Pelo caminho, fomos batendo papo, o clima se desanuviou e eles pareceram perder a desconfiança. Certamente, estavam assombrados por encontrar um brasileiro de sobrenome tão germânico, mas assim mesmo acabaram relaxando um pouco. Ficaram se queixando daquela vida e me contaram que já lhes acontecera dormir na lama.

Entraram comigo num dos casarões do povoado e bateram na porta de um quarto. *Come in*! – gritou de dentro uma voz imperiosa, e logo me vi diante de um homem corpulento, louro, que estava deitado sobre medas de feno. Era tenente e comandava aqueles rapazes. Repeti então a minha identificação e fui imediatamente dispensado.

Saí caminhando pelo povoado. Chegando ao local do grupo de artilharia, fui prestar contas de minha missão ao capitão Melo, omitindo, naturalmente, o episódio de meu aprisionamento.

8

De manhã, logo depois do café, subimos nos caminhões e ficamos sentados, esperando ordens. Passou-se assim um tempão. Felizmente, a aviação alemã estava muito destroçada e não chegou a aproveitar aquela rata de nosso comando.

Lembro-me de que acabamos descendo do caminhão e ficamos conversando com outros companheiros. Apareceram uns negros norte-americanos, da unidade que vinha substituir-nos, e a chacrinha se ampliou. Eles pareciam bastante assustados e nos perguntaram se tínhamos sofrido bombardeio ali. E por mais que assegurássemos não ter acontecido ali nada grave, eles não pareciam tranquilizar-se. Eu ia traduzindo o que diziam e traduzia também as respostas dos nossos.

Finalmente, veio a ordem de deslocamento e se formou a longa coluna de nosso grupo de artilharia. Fomos avançando por uma estrada importante e movimentada, com muitos caminhões do Quinto Exército norte-americano.

Depois de algum tempo, chegamos a uma cidadezinha aprazível, com jeito de lugar de veraneio: os chalezinhos com jardim não podiam enganar-nos.

Os caminhões foram entrando num parque magnífico e se detiveram junto a um edifício maior. Ficamos então sabendo que estávamos em Montecatini.

Em seguida, o caminhão nos levou até um galpão. Descemos e formamos uma fila para receber sabonete e toalha. Logo, entramos no galpão e formamos outra fila. Depois, cada um se dirigiu a um dos chuveiros que havia ali. Lembro-me da água sulfurosa e quase fervente com que me lavei então. Abençoadas terras da Itália, com seus vulcões extintos e as fontes de água sulfurosa e quente! *Solfatara* era o nome que os italianos davam a estes verdadeiros gêiseres espalhados pela península. Lembro-me de que havia um banho quente do mesmo tipo no acampamento do vulcão extinto em cuja cratera nos alojamos perto de Nápoles. E havia outro em Porretta Terme, perto do *front* de Monte Castelo, mas este era detestável: ali se entrava numas banheiras, cada qual num compartimento, mas a água vinha com sujeira de outros corpos, porque as banheiras se comunicavam entre si e a mesma água as enchia. Mas, em Montecatini, tudo era agradável e foi uma delícia livrar-nos da sujeira de tantos dias.

Saindo do banho, entramos na fila do almoço, pois nossa cozinha estava funcionando ali. Eu me lembro da emoção com que, muitos anos mais tarde, revi esse parque no filme *8 1/2* de Fellini.

Mas aquela felicidade não podia durar muito. Em dado momento, recebemos ordem de voltar aos caminhões e a viagem prosseguiu.

Houve outra parada e, mais uma vez, ficamos um tempão aguardando ordens. Mais uma vez, era algo possível unicamente devido à inatividade forçada da aviação alemã.

Finalmente, passamos por uma ponte estreita, dessas construídas pelo exército norte-americano, e dobramos à esquerda, seguindo morro acima, pela estrada secundária que margeava o rio. Depois, soube que, estranhamente, ele se chamava Reno e era um afluente do Pó. Aliás, era até exagero chamá-lo de rio, um fio d'água no fundo de uma ravina.

Paramos diante de um casarão e fomos descarregando a tralha da Central de Tiro, que depois levamos para uma saleta no segundo andar.

– Onde é que eu vou ficar? – perguntei ao capitão Melo, mas ele estava completamente desnorteado e não soube o que responder.

Os meus pertences (isto é, o saco A, verde, volumoso, em que se aglomeravam as peças de uso imediato) ainda estavam no caminhão e já nos reunimos numa saleta que passava a ser a Central de Tiro, junto do quarto do comandante, o tenente-coronel Da Camino, e nos engolfamos em nossos cálculos.

Terminada a "dieta noturna", o cálculo dos "tiros de inquietação", procurei o sargenteante, que me encaminhou para um casarão junto à cabeceira da ponte. Dirigi-me a ele depois do jantar. O quarto que me reservaram, com um companheiro, tinha a veneziana rebentada, evidentemente por uma granada, mas, decidido a não me espantar com nada, eu me enrolei no cobertor e dormi o sono dos justos.

Ao levantar-me de manhã, vi o chão salpicado de estilhaços de granada. Fui tomar café e, em seguida, apresentei-me ao capitão Melo. Depois, o sargenteante acabou arranjando para mim um quarto pertinho da Central de Tiro.

Começava, assim, a minha entrada no *front* de Monte Castelo, que aparecia no mapa pregado em minha prancheta, com as respectivas curvas de nível.

7.   Um Enigma da História

Foi já em pleno inverno, em meio à neve, que o primeiro-
-tenente Carlos Cairoli passou a servir no Segundo Grupo
de Artilharia da FEB, estacionado, então, em Silla, junto ao
fiume Reno. Era ali pouco mais que um riacho, mas de leito
bastante largo, com muito pedregulho, no fundo de uma
ravina. Vivíamos, então, dentro de uma nuvem de fumaça,
pois os norte-americanos instalaram máquinas fumígenas
junto às cabeceiras da ponte, a fim de dificultar a regulagem
de tiro pelo inimigo. Assim, além da neve e do gelo, a fumaça
passava a ter presença forte em nosso cotidiano. Enfim, uma
vivência intensa, dessas que não se esquecem jamais.

Apesar de menos precisos, os bombardeios eram diá-
rios e continuados. É provável que esta imprecisão tenha
contribuído para o aumento de vítimas entre os civis. Pelo
menos, quando voltei ao local, na década de 1960, pude ver,
na parede externa da igrejinha de Silla, ladrilhos com os
retratos dos paroquianos que então foram mortos, inclusive
uma septuagenária simpática e afável (a julgar pela foto).

De onde teria vindo o tenente Cairoli? Transferido de
outra unidade? Do Depósito de Pessoal, isto é, da reserva
destinada às substituições? Não sei. Lembro-me de que,
pouco após nos conhecermos, eu o vi ajoelhado junto a
mim, repetindo: "Virgem Santíssima, Mãe de Deus, pro-
tegei-nos", enquanto estilhaços de granada fustigavam a
parede do prédio em que estava instalada a bateria-comando do Grupo.

Cessado o bombardeio, disse-me: "Escute uma coisa:
você não reza?" Respondi que não tinha a quem rezar,

pois, registrado como judeu de nascimento, na realidade não tinha religião. "Que estranho! Mesmo nessas horas?" E acabou fazendo-me um grande elogio, completamente imerecido: ficar firme naquelas circunstâncias, sem nenhum apoio da religião, seria, segundo ele, uma prova de força de caráter.

Surgiu então pelo menos um esboço de amizade, o que era estranho, pelo menos na artilharia.

Lembro-me do rosto moreno do tenente Cairoli, depois, em meio às efusões da Libertação, já no Vale do Pó. Ele ia de jipe às cidades da vizinhança e trazia sempre jornais e revistas, que depois me emprestava. Foi graças a ele que tive, pela primeira vez, alguma notícia de Gramsci e as primeiras noções, ainda muito elementares, dos primórdios do neorrealismo italiano.

Certa vez ele disse: "Está tudo muito diferente. Surgiu até uma nova ciência, a dialética". Lembro-me de que, nessa ocasião, fiquei calado. Teria sido para não o constranger com uma contestação? Ou por causa de minha própria insegurança em termos conceituais? Afinal, nossa formação foi se fazendo nos anos do Estado Novo.

Mesmo assim, devo ter sentido ganas de lhe falar um pouco da dialética entre os gregos e também da dialética hegeliana, do marxismo. No entanto, eu tinha eliminado este último em meu íntimo, depois da catástrofe interior que havia sido para mim o Pacto Germano-Soviético.

Não, o melhor mesmo era não mexer com nada disso, e eu permaneci calado.

Depois do regresso ao Brasil, perdi contato com o tenente. E o mergulho na vida civil afastava cada um de nós de tudo que tivesse vínculo com o mundo militar. Este, porém, insistia em imiscuir-se em nosso cotidiano. E isto já se sentia antes de 1964.

Eis-me, então, em São Paulo, professor do Curso Livre de Língua e Literatura Russas da Universidade, incluído, depois, como curso regular, em seu Departamento de Letras.

Um dia, abrindo o jornal, vi que a cidade tinha uma nova figura como chefe do DEOPS, isto é, a Delegacia Estadual de Ordem Política e Social: o tenente-coronel Carlos Cairoli. E um dos seus primeiros atos foi a instituição da censura nos Correios.

Minha reação imediata foi uma vontade de ir às redações dos jornais (na época, a cidade tinha diversos) e manifestar meu protesto. Mas nós estávamos vivendo uma situação muito difícil na Universidade. Quando iniciei minhas aulas, ainda como Curso Livre, fui recebido de braços abertos pelos demais professores, embora nunca houvesse lecionado em faculdade e não tivesse feito um curso de Letras (realmente admirável, esta ausência de *esprit de corps*!).

No entanto, já estavam começando a surgir problemas. Instituídos os cursos de Orientais (o curso de russo foi incluído entre eles), como cursos regulares da Universidade, os que neles se matriculavam podiam, a partir do final do segundo ano, passar para outro curso de Letras de sua escolha. Em vista disso, nos próprios cursinhos preparatórios para o exame vestibular, os alunos eram aconselhados a escolher, como segunda ou terceira opção, um dos cursos de Orientais. Em consequência, os professores de Português, bem como os de Literatura Portuguesa ou Brasileira, tinham as salas de primeiro e segundo anos repletas, enquanto pouquíssimos alunos continuavam nos cursos de Orientais. E todo o ensino ficava prejudicado pela presença daquela multidão de jovens completamente desinteressados em relação à disciplina que estavam cursando. Realmente, foi uma das experiências mais desagradáveis que eu já vivi!

Em vista da situação complicada, resolvi, depois de muita vacilação, não levantar na imprensa a questão da censura e não me lembro de que alguém a levantasse. (E a opinião pública? Estaria anestesiada às vésperas do cataclismo?)

Recorri, então, às autoridades universitárias, pedindo que manifestassem por escrito o seu protesto ante aquela medida completamente arbitrária e anticonstitucional e um pedido para que fosse anulada. Prometeram que o fariam, mas tenho até hoje as minhas dúvidas. Aliás, na ocasião, cheguei a ouvir a seguinte pérola: "Mas se a polícia não abrir os pacotes, como é que se vai saber se eles não contêm material subversivo?"

Como pequeno passo no caminho certo, mas um passo de todo insuficiente, publiquei, então, o artigo "Barreiras do Obscurantismo", onde apontava para o baixo nível de publicações sobre a literatura e a cultura russas em geral nos países hispano-americanos, devido à falta de informação e de acesso aos respectivos materiais[15].

Se o artigo em questão chamava a atenção para um problema candente na época, hoje em dia ele está completamente superado, graças à atuação de estudiosos de valor, em diversos países hispano-americanos, entre os quais meu amigo cubano Desiderio Navarro, que desenvolveu importante trabalho de tradutor e ensaísta, levando para o mundo de língua espanhola o que se produziu de mais importante em termos de teoria literária e de história das ideias, tanto na Rússia quanto nos outros países do Leste europeu. Neste sentido, merece especial destaque a publicação que dirige em Havana, a revista de cultura *Critérios*.

Estes caminhos estavam começando a ser trilhados pelo primeiro-tenente Cairoli, quando o conheci. Em minha lembrança, sua imagem não se cola bem à de censor e verdugo da cultura, que surgiu depois. Mas este é, certamente, um dos paradoxos da História, que nos espreitam a cada passo.

8. O Que Fizeram da Nossa Vitória?[16]

Senhor Redator:

A memória dos povos é curta e, por isso mesmo, quase ninguém se lembra de que, ao invocarem-se os direitos humanos, ao citar-se a Declaração famosa da ONU, na realidade faz-se referência a algo em que tivemos participação direta e que pagamos com um alto preço, em sangue e sacrifícios de toda ordem.

A história segue, às vezes, caminhos tortuosos e, não há muitos anos, um correspondente de guerra brasileiro, Joel Silveira, teve os seus direitos políticos cassados porque escreveu uma série de reportagens onde mostrava: os mesmos oficiais que lutaram na FEB depois realizaram o 1964, com todas as sequelas já conhecidas[17]. Foi também um desses caminhos tortuosos que levou o atual general Plínio Pitaluga, (de quem me lembro como tenente do Esquadrão de Reconhecimento, lidando com os seus carros de combate ligeiros), a entregar, outro dia, solenemente, um gorro da FEB (desses que chamávamos de "bibico") ao ditador argentino Jorge Rafael Videla, o chefe de governo que personifica a reencarnação do fascismo derrubado na Itália.

Mas, por mais curta que seja a memória dos povos, ninguém me tira a lembrança de certa manhã nublada de primavera em que vi filas e filas de soldados nazistas depositando as armas aos pés dos nossos soldadinhos franzinos, vindos do Nordeste ou dos confins do Mato Grosso. E agora? A mesma suástica que arrancamos violentamente, com ódio, das paredes nas cidades italianas, não está ressurgindo ao nosso lado? Ela está presente nos atentados que se realizam com frequência e intensidade crescentes, mas também, e sobretudo, no espírito envenenado daqueles que se esqueceram da nossa parcela na vitória então obtida e que tem de ser preservada a todo custo e a todo momento.

Por mais que o governo afirme estar investigando os atentados, que tudo fará por esclarecê-los, o espírito que os tornou possíveis está se espraiando cada vez mais. E este apoio invisível é muito mais importante do que qualquer "apoio logístico" que fulano ou beltrano lhes tenham dado. Ainda outro dia, um respeitado senador da República, considerado por muitos um liberal e democrata, referiu-se com desdém ao "rebotalho humano" que estaria querendo entrar em nosso país, o que tornaria indispensável a aplicação do famigerado Estatuto dos Estrangeiros. A simples expressão "rebotalho humano" já nos mostra como estamos longe da euforia do "8 de maio". Vencido, esmagado um dia, o nazismo está bem presente entre nós, criando ressentimentos de grupo, além de prevenções e discriminações de raça e de país de origem.

De que adiantam as palavras bonitas sobre abertura e democracia, se nesse estatuto, aprovado por meio de artimanhas e tricas de politicagem parlamentar, promovidas pelos mesmos que proferem discursos grandiloquentes, aparecem cláusulas que só podemos chamar de fascistas, mostrando o plano inclinado que nosso governo começa a descer, apesar de todo o florilégio sobre as suas boas intenções? Não se trata mais de intenções; queremos fatos no sentido de que não estão inutilizando a vitória obtida com tanto sangue e com tantos sacrifícios.

9. Quantas Faces Tem a Glória?[18]

As Duas Faces da Glória, de William Waack[19], é um livro fascinante para quem participou dos acontecimentos de que ele trata. Escrito por um jornalista que nasceu já depois da Segunda Guerra Mundial, foi realizado após uma acurada pesquisa em arquivos norte-americanos, ingleses e alemães e entrevistas com alguns dos que lutaram contra a FEB. Mais ainda: embora ele não diga nada sobre o assunto, percebe-se claramente que percorreu o setor de Monte Castelo e caminhou pelos lugares descritos. Certos pequenos detalhes da descrição permitem afirmar isto.

Evidentemente, é um livro difícil para nós outros, que remexe em velhas feridas e traz à tona fatos desagradáveis, amargos, momentos que se preferiria não ter vivido. O autor se apresenta constantemente como repórter, mas o nível do seu trabalho mostra mais uma vez que a reportagem bem realizada (e, no caso, devo dizer: com afinco, entusiasmo pela tarefa, com obstinação apaixonada e uma capacidade incomum de narrar os fatos) é, sem sombra de dúvida, uma forma de literatura.

Com muita frequência, aparecem elementos ficcionais, sobretudo ao apresentar os alemães que os brasileiros enfrentaram, uma parte do livro realmente sensacional, pois William Waack conseguiu reconstituir a personalidade do comandante alemão do setor, o barão Eccart von Gablenz, então já falecido, e de vários de seus comandados. Na descrição dessa figura impressionante, o autor se revela um verdadeiro ficcionista, pois, a partir dos elementos concretos que conseguiu obter, faz surgir diante de nós o velho general como uma figura complexa e rica, um representante típico de sua geração e que esteve envolvido nos principais acontecimentos da época. Procurando reconstituir a verdade sobre a personagem, William Waack não se detém diante de episódios brutais que permitem compreender por que o barão foi implicado no Processo de Nuremberg, embora o livro não nos forneça detalhes sobre esses episódios.

Justamente devido à grande capacidade que ele demonstra ao recriar (não; criar no melhor sentido ficcional) este tipo, torna-se bem esquisita a crítica que faz aos que, até hoje, não se preocuparam com a personagem, incluindo nesta crítica escritores, historiadores e cineastas. Se o barão aparece tão vivo nas páginas do livro, o mérito se deve exclusivamente ao escritor, pois outras personagens e outros acontecimentos, não menos fascinantes, continuam à espera de quem os saiba ressaltar. Há qualquer coisa de ingênuo nesta ênfase na importância do fato em si, do fato em estado puro. E esta ingenuidade parece estranha em alguém capaz de uma construção tão sólida, acompanhada de uma reflexão bem séria.

Assim como ele soube criar um tipo magnífico de velho general alemão, na figura do barão E. von Gablenz, teve também sensibilidade de sobra para escolher, entre a massa informe de comunicações de oficiais norte-americanos, alguns que souberam dar informações diretas e vivas sobre o que estava acontecendo com a FEB. Se aqui e ali aparece um pouco de jactância, um pouco de espírito de superioridade, de racismo até, com frequência os textos falam de verdades que tivemos a oportunidade de conhecer de perto.

Eis um trecho de relatório feito por um oficial norte--americano:

> não podemos ajudar, mas apenas questionar a preparação psicológica dos brasileiros. Sabem eles

exatamente o que é uma guerra e, baseando-se na compreensão dos aspectos envolvidos, estão dispostos a fazer os necessários sacrifícios?

Sim, como exigir de um soldado que lute numa guerra que ele não entende e se o seu chefe máximo, poucos meses antes de enviá-lo para lutar contra os alemães, parecia querer alinhar-se com estes? Dá a impressão de um absurdo, mas como testemunha direta dos fatos, posso dizer que os brasileiros lutaram de verdade, com ímpeto e muitas vezes com real competência, adquirida no próprio campo de luta. E foi esta, então, uma das minhas grandes perplexidades: a eficiência de lutadores que não percebiam ter um ideal para lutar. Lembro-me agora de uns ingleses estendendo linhas telefônicas e detendo-se diante de um barranco difícil de transpor. Conferenciavam entre si, discutiam e não conseguiam resolver o problema. Logo depois, chegou um brasileiro franzino, encolhido em seu capote, armou um laço com o fio telefônico, atirou-o por cima de uma árvore e fez com que a extremidade oposta caísse do outro lado do barranco. Esta capacidade de improvisação, esta agilidade de soldados que vinham de um meio mais hostil, menos urbano que o dos aliados nossos vizinhos, serviu muitas e muitas vezes de ajuda aos ingleses e norte-americanos e, neste sentido, ouvi elogios que não são aquela monótona cantilena oficial a que William Waack se refere mais de uma vez e à qual não dá muito crédito.

Não se trata de uma qualidade milagrosa, nem de características que tornassem os nossos homens portadores de virtudes excepcionais. Trata-se das qualidades que têm as pessoas provindas de regiões mais pobres e que estão acostumadas a uma luta dura pela sobrevivência. Pude constatar isso, há poucos anos, numa viagem a Portugal, onde os africanos oriundos das antigas colônias portuguesas distinguiam-se pela esperteza, inclusive ao lidar com o mundo recém-descoberto da informática.

É verdade que o autor presta um tributo aos soldados despreparados que foram lançados assim numa guerra que não compreendiam, mas ao mesmo tempo, lembra que o seu sacrifício foi mais difícil ainda, devido à incompetência dos nossos oficiais, apontada nos relatórios norte-americanos. Neste caso, no meu entender, o livro peca por uma generalização, apesar de toda a minha amarga experiência, no contato com a mentalidade então reinante entre os oficiais de carreira. "Os soldados são, às vezes, tratados de maneira rude e injusta", escreveu com argúcia um dos observadores norte-americanos junto à FEB. Mas também vi oficiais que partilhavam a vida da tropa e que davam mostras da mesma habilidade e capacidade de improvisação de que tratei há pouco.

Sente-se muito no livro a preocupação em defender uma tese: foram os norte-americanos que forçaram a ida de nossas tropas à Itália e, na realidade, os seus projetos eram mais políticos que militares; estariam calculando a sujeição maior do Brasil, no futuro. Em mais de uma ocasião percebe-se a intenção de ligar a participação na guerra com os acontecimentos de 1964. Mas neste caso, percebe-se no livro uma grande lacuna: falta referência às reportagens que Joel Silveira escreveu para o *Correio da Manhã*, na fase gloriosa da resistência deste ao golpe de 1964, e que ele depois reuniu em livro (não confundir com as crônicas de campanha, que são citadas por Waack e que foram reeditadas mais de uma vez)[20].

A complexidade dos fatos históricos é tão grande que todo cuidado é pouco para não cair na generalização.

Nesse livro, mais de uma vez, o autor escorregou um pouco, justamente devido à sua preocupação com uma tese que não chega a aprofundar. Vejamos alguns exemplos.

Tratando da 232ª Divisão alemã, que os brasileiros enfrentaram nos Apeninos, William Waack insiste nas debilidades daquela tropa, constituída de veteranos quarentões e jovens de dezessete anos, e chega a escrever: "Seis semanas de treinamento na Alemanha não serviram para muita coisa."[21] Algo no gênero deve ter sido escrito pelo barão, em seu relatório para os Aliados, após a rendição, mas evidentemente seis semanas de treinamento pela máquina de guerra alemã, com o grau de eficiência que ela havia atingido, era algo com que a nossa tropa não podia nem sonhar.

Numa passagem do livro, como prova de que a FEB estava se opondo a unidades alemãs de segunda categoria, apontam-se os altos números das divisões enfrentadas por ela, que as caracterizariam como constituídas na fase final, com elementos catados em diferentes pontos. Mas, lemos sobre E. von Gablenz: "O segundo e definitivo golpe na carreira do general ocorreu durante a batalha de Stalingrado. Permaneceu quase dois meses dentro do cerco armado pelo Exército Vermelho, à frente da 384ª Divisão, que havia formado e conduzido desde Dresden."[22] Ora, seriam também tropas de segunda?

Referindo-se à campanha do Vale do Serchio, escreveu: "Os soldados brasileiros haviam capturado a pequena localidade de Barga e logo depois foram expulsos pelos alemães." Ora, o que aconteceu ali foi a primeira derrota da FEB, justamente na noite que precedeu a nossa transferência para o setor de Monte Castelo, mas o ataque alemão resultou apenas num pequeno recuo da infantaria. Seríamos substituídos, ali, pela 92ª Divisão norte-americana, constituída por soldados negros e mulatos comandados por oficiais brancos. Esta divisão é que seria expulsa de Barga, com o prosseguimento da investida alemã.

Em várias passagens do livro, insiste-se em que a tropa alemã que defendia o Monte Castelo era pouco numerosa.

Em apoio a esta afirmação, lê-se: "Em fevereiro de 1945, logo após os ataques americanos, teriam sido, provavelmente, menos ainda. Os brasileiros contaram trinta mortos e 23 prisioneiros alemães quando tomaram a posição."[23] Pergunta-se: outros não poderiam ter escapado no meio da confusão?

Em mais de uma ocasião, os alemães do Monte Castelo são apresentados como pobres coitados, uns muito velhos, outros muito jovens, que se defendiam com parcos recursos, uns destroços da outrora poderosa *Wehrmacht*[24]. Mais adiante, chega-se a ler: "Derrotar esses alemães, e não as ferozes bestas fanáticas nazistas, comumente apresentadas em filmes de guerra para a televisão, não foi propriamente um extraordinário feito militar."[25] Acontece, porém, que a guerra tinha alcançado tal nível de selvageria que esta passara a ser o normal e cotidiano. William Waack trata com certa frequência de ataques de *partigiani* aos alemães (*partigiani* e não *partisans* como ele escreve; a distinção não deixa de ter importância, devido aos títulos de glória de uns e outros). Ora, quando *partigiani* eram capturados, aqueles "velhos" e "jovens", que não seriam "ferozes bestas nazistas", simplesmente os encostavam na parede e fuzilavam. Pelo menos cheguei a ler, na época, um jornal de Milão que falava de "bandidos fuzilados na montanha".

O autor preocupa-se em demonstrar que não havia tropas ss no setor de atuação da FEB. É possível, pelo menos em relação ao setor do Monte Castelo, pois no Vale do Serchio, os brasileiros de uma das posições na linha de frente foram atacados por ss que soltavam gritos de "Heil, Hitler!", mas isso não anula as atrocidades alemãs recentes que nos eram relatadas pela população civil. Ele fala de ucranianos e até ex-prisioneiros de guerra soviéticos incorporados ao exército alemão. Pois bem, eles eram particularmente temidos pela população e no caso não importava muito a cor da camisa ou o distintivo militar de quem fuzilava civis.

Certas passagens do livro mexem com a memória e a sensibilidade de quem esteve na guerra. É impressionante, por exemplo, ler o seguinte, num documento dirigido à tropa alemã: "É uma vergonha que um soldado alemão, que tem um nome a zelar, se abandone por covardia à misericórdia de um brasileiro." Isto logo nos lembra as longas fileiras de soldados alemães completamente desmoralizados, a caminho do campo de prisioneiros, conduzidos pelos nossos soldados.

Alguns textos traduzidos pelo autor são muito surpreendentes. É o caso do diário de um oficial alemão, não identificado, um leitor de filosofia e literatura e que tem formulações admiráveis sobre a problemática do homem na guerra.

Enfim, são tantas as sugestões que este livro nos traz que dá vontade de escrever outro livro. Mas, por enquanto, ficam aí apenas estas "mal traçadas" sobre uma obra que só poderia ser realizada por quem a realizou e que traz a marca de um escritor de muita garra.

P.S. – Observações de pormenor:

O nome da montanha *Corno alle Scale*, no decorrer do livro, é grafado de diferentes maneiras, inclusive *Corne alle Schall*, o que se torna até engraçado[26].

Ao tratar da metralhadora alemã que os nossos apelidaram de "Lurdinha", William Waack fala em "motivos inexplicáveis". Lembro-me de ter ouvido, na época, a seguinte versão: um soldado a chamou de "Lurdinha costureira" porque o ruído das rajadas lhe recordava a máquina de costura de sua namorada.

10. Caderno Italiano

Histórico

Em 1965, eu era o responsável pelo Curso de Língua e Literatura Russas da Universidade de São Paulo, e recebi um convite para participar de um seminário sobre ensino de língua russa que se realizaria junto à Universidade Lumumba, em Moscou, onde passei, então, pouco mais de um mês (na realidade, não era bem um seminário, mas um cursinho de aperfeiçoamento em língua russa, pois o nível dos participantes, vindos dos quatro cantos do mundo, era, em média, muito baixo).

As aulas transcorriam de manhã e, de tarde, tínhamos "seminários" de fonética, a cargo de uma professora morena, bem jovem, e que vinha sempre esbaforida, pois morava nos arredores da cidade e levava mais de uma hora e meia para chegar à universidade. Recém-casada, tinha uma filhinha, cujo retrato me mostrou.

Os meus companheiros de turma faltavam sempre, pois, diziam eles, de nada lhes adiantaria aprender a pronúncia correta e bastaria ensinarem aos alunos o básico da língua. Como a minha opinião era diametralmente oposta, acabei tendo aulas particulares com a professora.

Lembro-me de que ela ficava desesperada com o meu sotaque odessita e, embora dissesse que não adiantava nada tentar erradicá-lo, pois era demasiado tarde (aquilo deveria ter sido feito quando eu tinha menos idade), acabava efetuando comigo exercícios de correção.

Recordo agora uma discussão que tivemos então.

Ela estava elaborando sua dissertação de mestrado e o orientador fazia questão de que desse ao trabalho uma fundamentação filosófica. "Ora, como é que eu vou fazer isso, se mulher não tem jeito para filosofia?" E, diante do meu espanto, retrucou: "Vê lá se me cita uma só mulher filósofa!" Sussurrei, timidamente, o nome de Susan Langer, mas ela não se deu por vencida. "Ora, que importância tem isso, diante de toda uma história da filosofia realizada por homens? Não adianta, estou convencida de que isto não é tarefa para mulher."

Procurei replicar nos termos de praxe, falando da situação de inferioridade em que a mulher tinha vivido durante tantos séculos, mas ela retrucou: "Já ouvi esta argumentação nas aulas de marxismo-leninismo, mas não adianta, isso não me convence. Estou absolutamente certa de que mulher não tem jeito para filosofia. Tudo isto é conversa vazia e eu quero uma base sólida e realista."

Aliás, não foi só aquela professora que me expressou os elementos de contestação que surgiam entre os intelectuais.

Um professor magricela, de barbicha rala, que nos conduziu numa excursão pela vizinhança de Moscou, ficou chamando nossa atenção para as casas de madeira que encontramos pelo caminho. As recentes pareciam terminadas a tapa, enquanto as mais antigas revelavam acabamento acurado, com verdadeiros trabalhos de rendilhado em madeira.

Enfim, eu estava me defrontando, sem ter consciência disso, com a mentalidade que encontraria expressão mais tarde na *glasnost* e *pieriestroica* de Gorbatchóv.

Aliás, a argumentação daqueles professores me lembrava muito de perto o clima do mundo russo do século XIX.

Enfim, foi uma vivência inesquecível: era a primeira vez que eu voltava ao mundo russo, do qual tinha saído aos oito anos. Antes disso, tal experiência seria impossível, pois me havia tornado cidadão brasileiro, mas para as autoridades de lá eu era cidadão soviético emigrado, de acordo com todas as normas legais, e certamente registrado nas diferentes instâncias. No entanto, a condição de professor da USP me garantia uma salvaguarda.

Na viagem de volta ao Brasil, fiz parada em Paris, mas de lá tomei o trem em direção a Roma: era também a primeira vez que eu voltava à Itália, depois de ter participado do contingente da FEB, na qualidade de calculador de tiro. E ao mesmo tempo, haviam se tornado bem fortes os vínculos que me ligavam àquele país.

Depois, escrevi estas notas menos o terceiro capítulo e as encaminhei ao Suplemento Literário de *O Estado de S.Paulo*, no qual atuava como colaborador. A primeira parte saiu em 1º de janeiro de 1966 e eu fiquei esperando a publicação da segunda, mas em vão. (Era frequente um trabalho mais longo aparecer em edições sucessivas).

Decorrido algum tempo, fui à redação conversar com Décio de Almeida Prado, que dirigia o suplemento e com quem eu tinha relação muito boa. Depois de ouvir grandes elogios ao texto, perguntei o que havia com a segunda parte. Ele disse, então, fixando em mim os olhos muito azuis, sempre com expressão de beatitude: "Vou ser franco, não gostei daquela lengalenga italiana que você registrou. Se ela está nas placas comemorativas, que fique por lá e basta."

Embora não concordasse com aquela recusa, engoli tudo em seco, pois não havia remédio.

Acabei publicando o texto na íntegra em meu livro *Projeções: Rússia-Brasil-Itália*[27]. Ele seria reproduzido, ainda, em outras publicações, menos o capítulo 3, acrescentado recentemente.

I

Foi ontem: a poeira na estrada, as casas em escombros, as mãos estendidas: "una sigareta, paisano!", o frio, o desalento, as famílias escondidas entre as ruínas, a manta militar pendurada numa trave, a fim de ocultar de nossas vistas uma família inteira. Hoje, o trem corre por um país aprazível: os campos bem trabalhados (nenhum pedaço inaproveitado!), as chaminés das fábricas largando fumaça, os italianos do trem falando de política internacional, preocupando-se com a sorte do Brasil. Será possível?

A vida italiana em seu curso habitual e, ao lado, uma turba de gente loura, máquinas de retrato a tiracolo, o guia na frente falando sem parar, embora ninguém escute. Essa multidão apática passa vandalicamente pelos museus do Vaticano, corre pelo Palácio dos Doges, em Veneza, detém-se aqui e ali, apenas nos lugares que o cicerone vai indicando. Um quadro famoso, uma estátua ilustre, de que mais precisa um homem para ser feliz? Não, é preciso mais um pouco e o guia vai contando anedotas sobre Leonardo da Vinci ou os amores de Rafael.

Por favor, não me tomem por turista, eu não sou turista, eu conheci esta terra no sofrimento e na desolação!

Chego à Piazza della Signoria, em Florença, mas a minha Piazza não é a mesma, certamente não é. Pudera! Eu a vi deserta, sem estátuas, e de noite o vulto sombrio do Palazzo Vecchio destacava-se sinistro sobre a cidade às escuras. As estátuas nas praças, as ruas iluminadas, será possível que não se compreenda a importância de tudo isso?

Caminho pelos cais do Arno. Lá estão as pontes que o alemão dinamitou. Cada uma no lugar, tal como devem ter sido antes da guerra. Não é possível, encontro reconstruídas, sem nenhum sinal de mutilação, as mesmas estátuas que eu vi em pedaços num porão do Palazzo Pitti. Foi ontem apenas, mas hoje as estátuas estão ali, sobranceiras e indiferentes, em meio aos seus panejamentos barrocos.

Atravesso a Ponte Vecchio, a única ponte que os alemães não dinamitaram. As vendinhas antigas de ambos os lados, o rio marulhando, tudo isso me é familiar. Mas as casas do cais! Ali havia apenas escombros e mais escombros. Agora, encontro tudo reconstruído. Vejo casarões ao jeito antigo. Ah, só o italiano para resistir à tentação de construir ali uns prédios de apartamentos, com elevador e tudo o mais! Não houve guerra, não houve massacres, tudo continua a fluir de manso, pois ali estão os velhos sobradões, o rio, a paisagem urbana e secular, civilizada e envolvente de Florença. Vejo a casa de Maquiavel completamente reconstruída. Depois que saio para a praça fronteira ao Palazzo Pitti, encontro o sobradão onde Dostoiévski acabou de escrever *O Idiota*. As pedras da rua, as estátuas, os palácios, tudo insiste em dizer que ontem não existiu.

Mas o ontem é teimoso, insistente. Ele subsiste nos rostos esquálidos e assustados das crianças num caminhão, na miséria, no desconforto humano que existiram nestes mesmos lugares.

Não, eu não sou turista, não queiram colocar-me a máquina de retrato a tiracolo. Adeus Florença, adeus Siena, adeus Veneza! Um trenzinho lengalenga, tão diferente dos trens aerodinâmicos e confortáveis das linhas principais, leva-me de Bolonha a Porretta Terme, nos Apeninos.

Ontem, era a paisagem de neve, desértica e pétrea, os rostos duros e impassíveis, a vida dentro de uma nuvem de fumaça. Hoje, vou chegando a uma região verdejante, a uma cidadezinha de veraneio, simpática e sem um turista! Onde estão os prédios bombardeados? A muito custo, firmando-se bem a vista, percebe-se aqui e ali que houve remendos na parede.

Largo as malas no hotel e saio pela estrada, quase correndo na direção de Silla. A ponte, o rio, as casas. Ah, não são as mesmas! Uma que outra sobrou, as pedras rejuntadas com argamassa ordinária. As novas são de alvenaria, simpáticas e convidativas. A igreja é a mesma e, no paredão, há uma lápide com os nomes dos habitantes mortos no bombardeio. O nome e o retrato de uma paroquiana de 74 anos! Provavelmente, eu estava a dois passos, quando isso aconteceu. Mas como é possível saber o que aconteceu a cada um? Em meio ao véu de apatia, à névoa que recobria o mundo, quem ia tomar conhecimento de uma septuagenária?

Uma representação de *Rômulo, o Grande*, de Dürrenmatt, no Circo de Domiciano, em Roma. As ruínas que se destacam no negrume da noite, a arena discretamente iluminada, os bancos compridos para o público e um palco reduzido que se confunde com a visão sombria das muralhas em ruína e dos ciprestes, tudo isso constitui cenário imponente como nenhum outro, e tudo isso provoca um contraste chocante com a farsa, a paródia que há na peça. Esse contraste é um elemento novo que o autor certamente não previu, mas que não deixa de ser estimulante.

No intervalo, serventes mudam no palco, à vista do público, um cenário rudimentar. É preciso fazer um esforço para se perceber que, fiel ao espírito brechtiano do autor, o diretor mandou executar aquilo. Mas, que adianta? A rigor, o cenário que há no palco desaparece em face do majestoso cenário permanente, da visão extraordinária do Circo. E aquela movimentação no palco menor surge como algo ridículo e desnecessário.

O ator principal é muito bom, dois outros são igualmente de nível, mas o resto da companhia é constituído de canastrões. E o canastrão italiano torna-se menos suportável que o nacional, por um motivo muito simples: todos os seus gestos em falso, toda a sua incapacidade de transmitir a realidade interior do texto são sublinhados por uma dicção impecável. E imagine-se tudo isso no Circo de Domiciano!

Será que os habitantes de Roma têm consciência da responsabilidade que acarreta o cenário permanente da cidade? Qualquer canalhice pequena, qualquer mesquinharia, devem ficar sublinhadas naquele ambiente! Não as patifarias mestras, que sempre podem ter um acento trágico, mas as pequenas sem-vergonhices, como devem soar falso em Roma!

Verde e misteriosa, a montanha chama, a montanha convida. O ônibus sobe a custo a encosta íngreme. O cobrador me reconhece: "O senhor não esteve aqui, vinte anos atrás, durante a guerra?" Mas ele era, então, um garotinho, e, na guerra, os garotinhos se confundiam numa imagem comum: a da criança perplexa, espantada.

Como é belo este pedaço da Itália! No inverno, em meio à névoa e à depressão em que vivíamos, poucas vezes alguém se detinha para olhar a região. E se a paisagem ainda atraía alguma vez a vista, logo esta se concentrava em algo mais imediato e necessário.

Desço do ônibus e ando pelos povoados na montanha. Há um reboliço nas casas que visito. Converso com um e outro. Fico sabendo: fulano casou, beltrana morreu. Agora, as coisas estão mais difíceis que no ano passado, há crise, mas vai-se vivendo, sem grandes novidades nem muitas queixas. A torre medieval de Castel di Casio domina o vale e fala de solidez e permanência.

Junto a uma das casas, um camponês de meia idade aspira o ar com força e me diz: "Che aria! Um ar assim é saúde, é vitalidade." Conversamos. Ao saber que venho do Brasil e que estivemos ali durante a guerra, entusiasma-se e me introduz em casa. Tomo com ele um pouco de vinho azedo, sou apresentado à mulher e à filha mocinha.

"Ah, Brasile, Brasile!" Como ele gostava dos brasileiros! Foi um tempo tão bom, apesar de tudo. Dá até saudade.

– E antes dos brasileiros, os alemães. Eu me dava tão bem com os alemães! Claro que havia os outros, os ss, que tinham tarefas diferentes, mas os alemães que se instalaram por aqui eram todos ótimas pessoas. Andavam pela montanha de automóvel pequeno, às vezes paravam nas partes altas e olhavam para o vale, de binóculo. Depois, vieram os brasileiros e faziam a mesma coisa. Guerra, para dizer a verdade, eu não vi nenhuma. E quer saber de uma coisa? Esta guerra foi bem suave, comparada com a outra, com os massacres de Verdun e de Caporetto. Eu ficava conversando com os soldados alemães, havia um sargento que se tornou meu amigo, vivia mostrando retratos dos filhinhos. Dificuldades? Não, eu não tive, vendia os meus produtos na cidade e tinha o que comer, o que vestir. Pena que os amigos que fiz nesta guerra não venham visitar-me. Vocês, brasileiros, ainda se compreende, a viagem é longa e muito cara. Mas por que não voltam os meus amigos alemães?

O homem não parava de falar sobre as amizades que fizera, de expor a sua visão de um mundo em que o importante era *vivere in pace*. Durante a guerra, bastaria descer até a cidadezinha de Porretta Terme, a poucos quilômetros, para ver a angústia dos refugiados e o pavor das crianças sob os bombardeios. Um pouco mais longe, na linha de frente, homens morriam ou eram feridos, havia sobressaltos, desespero. Agora, bastaria que ele tomasse o trem para Bolonha e visse, num paredão, os nomes e os retratos dos milhares de bolonheses mortos nas fileiras dos *partigiani* ou executados pelos nazistas. Mas ele não quer tomar conhecimento de coisa alguma. Em sua casa de montanha, com a sua *aria*, as suas vacas, a sua mulher, a sua filha, continua imerso na inocência e no bem-estar. Ontem não existiu, é uma quimera. Ou só existiu pelo seu lado amável e superficial.

A funcionária do hotel, que me pediu o passaporte, vendo a minha nacionalidade brasileira, põe-se a recordar a primeira infância, na cidade ocupada pelos brasileiros. E suas recordações não são nada amenas. Outras pessoas com quem conversei têm impressões semelhantes. Constata-se assim uma situação paradoxal. A lembrança que me ficou é a de uma tropa enviada para o estrangeiro, sem se saber por que e para que se fazia tudo aquilo, uma tropa que deixou um país sob regime ditatorial, a fim de lutar pela democracia no estrangeiro, uma comunidade revoltada de jovens que odiavam aquela obrigação imposta e não compreendiam as razões superiores da luta, pelo menos no plano geral. Desorganização, desconforto interior, perplexidade, eram características correntes naquele exército.

Chegando, porém, a um país estrangeiro, tendo que enfrentar um inimigo experimentado, embora não se soubesse nada sobre os motivos superiores da luta, cada um tratou de se adaptar às novas condições. Certa dose de esperteza e de habilidade não deixaram de contribuir para o resultado surpreendente que se obteve. A verdade é que os soldados bisonhos e resmungões lutaram como os melhores e, embora, na maioria, não tivessem, por ocasião do desembarque, um motivo elevado para lutar, encontravam na realidade ambiente, naquele país devastado pelos nazistas, nos bombardeios da população civil, na miséria a cada passo, estímulos de sobra para continuar guerreando. Frequentemente, era uma luta selvagem em meio a um véu de indiferença e apatia, algo bem difícil de expressar.

Mas na população civil, que via o soldado brasileiro atuar com eficiência, ficou a impressão de um povo belicoso e decidido. A bondade do brasileiro, o jeito bom de quem não se impõe objetivos categóricos, tudo isso ficou, às vezes, oculto sob a máscara do soldado cumpridor de seus deveres.

Frequentemente, na lembrança de quem teve contato com os brasileiros, sobrou a marca das contingências cruéis da guerra, e esta marca é mais forte que tudo o mais. "Então, veio rever as porcarias que vocês deixaram por aí?" – pergunta-me a funcionária do hotel. Eu me lembro dos soldados bons e compassivos em Nápoles, indignados com a abjeção moral que encontravam, carinhosos com a população civil, mas que depois se deixaram arrastar, como tantos outros, pelo turbilhão da guerra, o que implica, muitas vezes, no aniquilamento dos valores estabelecidos, na miséria interior.

Pode-se acaso explicar tudo isso, e ainda em língua estrangeira, que mal se conhece? Não, o jeito é sair para a rua, para a estrada, e olhar, a mais não poder, a bela paisagem dos Apeninos.

2

O mau gosto fascista espalhou pela Itália, pelas suas cidadezinhas medievais e renascentistas, monstrengos acadêmicos com o nome de monumentos *ai caduti*. Numa época de plena expansão da arte moderna no país, o gosto oficial ia procurar o que havia de mais feio, de mais superado, nos estúdios de escultura, a fim de homenagear os mortos da guerra de 1914.

No entanto, esse mau gosto plástico, mesmo acrescido de frases banais e altissonantes, não consegue ocultar a profunda poesia que o italiano sabe infundir, às vezes, às lápides memoriais.

Não raro, o mármore expressa as confusões e perplexidades do século. É o que se pode constatar, por exemplo, no monumento *ai caduti* de Porretta Terme.

A escultura é banalíssima, o melhor mesmo é desviar os olhos. Na face 1, lê-se:

> XXIV Maggio MCMXV
> IV Novembre MCMXVIII
> Ai puri figli
> della montagna scabra e della valle
> caduti in faccia al nemico
> nella grande guerra liberatrice
> onde splende nei secoli
> la santitá della nuova Italia
> vittoriosa.
> Etc. etc.[28]

Creio que não há desrespeito em se substituir o resto dessa retórica retumbante por alguns etc. E esta suposição parece confirmar-se com a evidência de um novo espírito de lúcida modéstia, que surge com uma inscrição logo abaixo:

> Ai caduti per la patria
> MCMXL   MCMXLV

Na face 2, há numerosos nomes dos filhos da cidade, tombados em 1915-1918. Num acréscimo lateral, lê-se:

> ROSSI GUIDO
> Sergente motorista volontario
> Caduto a Daga Golai
> 11-4-1937

Evidentemente, esse sargento-motorista era um dos "voluntários" enviados por Mussolini para lutar contra o governo republicano espanhol.

Na face 4, aparecem muitos nomes de combatentes tombados na Segunda Guerra Mundial. Lateralmente, surge um acréscimo:

> 28-8-1921
> MELLINI ROMOLO
> Caduto fascista

Houve ódios e massacres, fuzilamentos em praça pública e devastações de residências, mas, passada a tormenta, os nomes dos filhos da terra, caídos de um e de outro lado, figuram fraternalmente nas lápides memoriais.

Na praça ajardinada do centro da cidade, há um outro monumento, bem mais singelo, onde se lê:

> AL CAPITANO
> TONY
> ed ai caduti partigiani

Lateralmente, aparecem as datas:

> 19-7-1944
> 12-12-1944

A segunda recorda um ataque fracassado dos brasileiros contra o Monte Castelo. Quer dizer: a lápide foi colocada em memória dos *partigiani* que tombaram ao lado dos brasileiros.

Outros acontecimentos históricos foram também celebrados na cidadezinha, com a altissonância inerente a cada época.

Na estação ferroviária, lê-se:

> Il 15 otobre 1947
> come giá in un lontano giorno del 1863
> soto gli auspici delle libertá riconquistate
> il popolo di Porretta esultante
> riode il fragore delle sonanti ruote
> che le passioni sfrenate nell'immane flagello
> avevano arrestato[29]

Esta eloquência parece, no entanto, mais discreta que a manifestada no próprio dia de 1863, assim evocado. Em outra parede da mesma estação, pode-se ler:

> A perpetua memoria
> del faustissimo giorno
> XXI di novembre del MDCCCLXIII
> che
> Re Vittorio Emanuele II
> etc... etc...

Mas a prosa, mesmo a sonora prosa italiana, parecia pálida demais para celebrar o *faustissimo giorno*, e os habitantes comovidos gravaram em mármore versos de autor anônimo:

> Senza gli auspici tuoi quanto tardato
> Avran suoi doni le fugenti ruote
> Su cui quest'alte sponde a te devote
> De tua presenza augusta hai rallegrato.

Descontadas a sonoridade dos decassílabos e as rimas, isto pode ser assim traduzido: "Sem os teus auspícios, quanto não tardariam a trazer seus dons as rodas fugidias, sobre as quais alegraste com a tua presença augusta estas altas escarpas, que te são devotadas".

Só as lápides comemorativas que há em Bolonha dariam um livro interessantíssimo, no qual se refletiria o espírito de diferentes épocas, através da sua linguagem e da maneira pela qual se homenageavam os mortos.

Numa inscrição existente na Universidade e datada de 1937, fala-se do *destino imperiale* da Itália. Outra placa, na mesma universidade, já revela, porém, sensibilidade e compreensão da grande tragédia nacional, que o país então vivia:

> A ricordo
> dei giovani di questo ateneo
> che in terra lontana
> combatterono e morirono
> iluminando col valore
> il loro sacrificio
> e la storia dolorosa
> della patria nostra
> 1935 – 1938[30]

Seguem-se os nomes dos estudantes tombados na Guerra da Abissínia e na intervenção fascista na Espanha.

Passados os anos mais terríveis da *storia dolorosa*, a retórica acadêmica, em seu estilo mais solene, tornou a ornar os muros da Universidade:

> Giovani
> che per la patria esalaste le vostre vite
> ubbidienti alle leggi della feroce guerra
> Colui che numera i fili d'erba
> Colui che chiama per nome le stelle

non dimenticherà mai i vostri nomi
ma la prole degli uomini
che dall'esperanza non impara
non sa
di qual sangue l'alloro
di qual pianto di madri grondi la storia
e ricalca l'orme dei suoi errori.
Quando
regnerà sulle nostre case
pura di strage
la Pace
MCMLIX[31]

Também em Bolonha, na Piazza Rossini, lê-se:

11 Zona Bonifica Campi Minati
Sotozona di Bologna
Da questa piazza partirono senza
far ritorno i rastrellatori di mine[32]

Seguem-se 44 nomes e as palavras

E per loro torna a fiorir la terra[33].

Em outro local, em circunstâncias diferentes, poderia parecer até banal. Mas ali, recordando o sacrifício daqueles rapazes e moças, em meio aos edifícios medievais e severos da Bolonha, como parece apropriado e justo!

Perto da praça, na entrada de uma repartição pública, rememoram-se os 34 bolonheses que tombaram em defesa da Espanha republicana.

Na cidadezinha de Gagio Montano, além de Silla, onde os brasileiros estiveram lutando meses a fio, ergue-se agora, no alto de uma rocha em forma de ovo, no local em que antes havia uma capelinha, um monumento aos mortos da última guerra. Dominando o vale do *fiume* Reno com as linhas severas e modernas, recortando-se com sua alvura sobre a vegetação da montanha, ele rememora, melhor do que qualquer retórica, a grande tragédia que se viveu naquelas terras.

3

O tempo foi passando, e eis-me aos 96 (mais precisamente, quase 97), batucando estas lembranças em minha Olivetti.

Relendo este *Caderno Italiano*, percebo que ficou faltando uma recordação muito importante para mim.

Estando em Porretta Terme, naquele tão distante 1965, tomei um ônibus para Montese, a cidadezinha onde ocorreu a batalha mais cruenta dos brasileiros na Itália, de rua em rua e de casa em casa.

Comodamente instalado à janela, vejo passar a ponte de Silla e o vilarejo adjacente; os casarões de paredes "rejuntadas com argamassa ordinária" (como cheguei a escrever) foram todos substituídos por construções de alvenaria e, mesmo, algumas de cimento armado, mas não muito altas.

Depois, o ônibus sobe um pouco pela encosta do Castelo. Olho para baixo e vejo a paisagem que os alemães tinham pela frente. Que horror! Lá estão Silla e o prédio substituto do casarão que nos abrigava. A paisagem agora é tão pacífica, tão acolhedora! Passamos por Gagio Montano, com aquele rochedo que parece um ovo e, no lugar da igrejinha no alto, certamente destruída durante os combates, lá está um monumento, moderno e discreto, em memória dos que tombaram naquele pedaço da Itália.

O ônibus continua em seu trajeto e logo chegamos à praça principal de Montese. Desço em silêncio e fico andando pela cidade. Os tão típicos casarões italianos estão todos com remendos e eu os espio de soslaio, com um sentimento de culpa: estão ali os resultados de meus cálculos.

Ao contrário do meu comportamento em outros lugares da Itália, evito conversa com os habitantes de Montese.

Chegando a hora do almoço, dirijo-me a uma *trattoria* próxima da Torre di Nerone, sobranceira à cidade. Em volta, jovens senhoras, acompanhadas de seus filhos. Percebo então que Montese havia se tornado o lugar ideal para o turismo doméstico, isto é, uma cidadezinha procurada pela classe média modesta, incapaz de veranear em Cortina d'Ampezzo, nos Alpes italianos, ou em Viareggio e outras cidades da Riviera Ligure, repletas, então, de turistas norte-americanos e japoneses.

Sempre cabisbaixo, tomo a minha refeição em silêncio e regresso a Porretta Terme, continuando a espiar de esguelha aquelas paredes cobertas de remendos.

Outubro de 2013.

11. Caminhos da Paixão, Caminhos da Dúvida[34]

A história nos arranca da cadeira, nos sacode, nos lança em determinados momentos pelos caminhos da paixão. Podemos estar tranquilos diante da televisão, vendo a paixão dos outros nas reportagens internacionais. Mas não adianta! Chega um momento em que o torvelinho nos arrasta. Certa manopla passa a pesar nas costas, uma garra afiada se abate sobre nós. Ou então as paixões desenfreadas nos acabam fazendo vestir um uniforme e colocar um fuzil no ombro. Ódios, amores, raivas sopitadas, o compreendido e o incompreensível, tudo se mistura numa neblina mental. Pronto! Não sou mais responsável! Se mato, outro matou por mim. Se depredo, foi outra mão que praticou esse ato.

A paixão – quem diria? – nos anula o raciocínio, a capacidade de comiseração, a própria condição de racionalidade. Bandeiras ao vento, lá se foi minha mocidade atrás de ideais e de certezas!

Há pouco, nossos vizinhos argentinos lá foram atrás de suas bandeiras, de suas ilusões. Quanta gente não caçoou, não lhes disse: "Não entendo vocês, um povo tão civilizado!" Ora, quem pode atirar a primeira pedra? Como exigir lucidez da pobre criatura humana, defrontada com os monstros que não consegue definir?

Os civilizados! Aí estão os filmes que registram a longa noite da selvageria nazista. A câmera documentou o olhar alucinado da pobre jovem, despida pelos esbirros da suástica em plena praça pública, sob as chacotas da multidão. Civilização! Como sair deste círculo de horror, como fazer ouvir a voz da razão e da dúvida?

*   *   *

Somos racionais, somos democráticos, temos fé na convivência entre as opiniões mais diversas... Mas – há certeza nisso? Lembremos agora um pequeno episódio histórico.

Soldados brasileiros estavam na Itália, em frente do Monte Castelo, nos Apeninos, enfrentando o inverno difícil de 1944-1945, e uma situação de guerra áspera, quando começaram a chegar notícias estranhas da Grécia, publicadas em *Stars and Stripes* (Estrelas e Listras), o jornal norte-americano do Quinto Exército. Sabia-se que os guerrilheiros gregos haviam ocupado grande parte do país, depois da luta tenaz com os alemães. Em 5 de novembro, noticiou-se a libertação de toda a Grécia, 38 dias depois dos primeiros desembarques ingleses. "Campanha quase sem derramamento de sangue aliado" – anunciava a *Associated Press*. Pudera! O sangue derramado fora o dos guerrilheiros e mais de 300 mil civis haviam morrido de fome sob a ocupação.

O jornal falava das dificuldades que o governo Geórgios Papandreu, estabelecido pelos ingleses e que pretendia a consolidação da monarquia, com a restauração de Jorge II no trono, estava encontrando nas relações com os combatentes da *Elas*, os guerrilheiros de esquerda. Além destes, havia grupos armados da *Edes*; segundo li depois na *Enciclopédia Italiana*, era uma organização direitista que tivera "ação limitada" na resistência ao invasor alemão. Os ingleses exigiam o desarmamento da *Elas*, esta só concordaria se a *Edes* também fosse desarmada.

Em 2 de dezembro ocorreu a demissão dos sete ministros de esquerda do governo Papandreu. Em Atenas, ocorreram, então, os primeiros choques armados. O *Stars and Stripes* publicou, lembro-me bem, fotografias de mulheres esquálidas expondo as vestes ensanguentadas das primeiras vítimas dos conflitos.

Estávamos vivendo um mundo de absurdos. Jornais vindos do Brasil traziam grandes manchetes e fotografias embandeiradas de comemorações do 10 de novembro, dia da instituição do "Estado Nacional". No meio da neve, sob o bombardeio alemão, em vez das notícias concretas que todos esperávamos do país, aquele mistifório e patriotada vazia e sem sentido, um escárnio total. "O sacrifício dos brasileiros nos campos de batalha será compensado pela posição que ocuparemos no concerto das nações vencedoras" – dissera Getúlio. Haveria algo que pudesse compensar o que estávamos vendo?

E nos jornais de 27 de novembro, a discurseira anticomunista de sempre. A Rússia aliada, o júbilo pelas vitórias a partir de Stalingrado, e aquela discurseira...

Agora, as notícias da Grécia... O próprio *Times* de Londres informava que se discutira na Câmara dos Comuns sobre os batalhões de segurança formados pelos alemães para combater os guerrilheiros e que estavam sendo mantidos pelo governo Papandreu e pelos britânicos. Luta aberta com a guerrilha, bombardeios aéreos, tanques e paraquedistas ingleses em ação.

Afinal, era para isso que tínhamos lutado?

Em 15 de julho de 1945, a Inglaterra assumiria a "proteção" das fronteiras setentrionais da Grécia. Quem parecia ter razão era Jipe, o baixinho Jipe, que depois mergulharia na loucura: aquilo era uma guerra entre imperialismos, os aliados, os alemães, no fundo não havia diferença.

*   *   *

Vivida a realidade que esbocei há pouco, parecia claro quem estava com a razão no caso. Mas a história reserva sempre golpes para abalar as nossas certezas.

Após o fim da Segunda Guerra, reiniciou-se a luta na Grécia, os ingleses sempre apoiando a monarquia. E depois, o governo Truman entraria abertamente no conflito, os americanos substituindo em grande parte os ingleses. Um morticínio terrível, sempre com os argumentos de liberdade e democracia, sempre as aparências legais, os formalismos jurídicos. Fuzilava-se em massa, mas era tudo correto, sacramentado pela lei.

O outro lado aparecia, então, como o lutador pela justiça, pela liberdade real.

Pois bem, muito após o esmagamento da guerrilha na Grécia, pude estar na Rússia com um grego, casado com uma parenta minha. Haviam regressado da Sibéria: depois que as esquerdas gregas foram destroçadas, Stálin decidira que tudo era resultado da traição titoísta, os gregos estariam mancomunados com Tito. E por isso mesmo, os residentes gregos na URSS, inclusive os que tinham cidadania soviética, foram transferidos com as famílias para a Sibéria.

O que pensar depois disso? Onde ficamos com os nossos conceitos de civilização e de progresso?

* * *

Tenho me debatido anos a fio com o tema da guerra. Mas, por mais que insista nele, sinto frustração e impotência, diante do predomínio de uma versão menos deprimente que a minha.

Encontro em Tolstói uma argumentação que me ajuda a pensar um pouco melhor sobre o problema e que, no caso, deve ser levada em conta, além de outros fatores. Num artigo a propósito de *Guerra e Paz*, depois de afirmar uma "lei da predeterminação que, segundo minha convicção dirige a história", o que não me convence de modo algum, ele trata da "lei psicológica que obriga um homem, ao realizar a menos livre das ações, a falsificar em sua imaginação toda uma série de conclusões retrospectivas, que têm a finalidade de demonstrar a ele mesmo a sua liberdade". E esta lei é ilustrada pelo romancista com fatos de sua experiência pessoal, inclusive a falsificação da história pelos relatos oficiais da Guerra da Crimeia.

Segundo Tolstói, e isto aparece com insistência em *Guerra e Paz*, o homem cria os seus mitos bélicos e, depois de cada guerra, acomoda os fatos de acordo com eles. E os próprios historiadores seriam principalmente grandes criadores de mitos.

Tive ocasião em mais de uma circunstância de me chocar com o contraste entre a verdade que eu conhecia e a "verdade" que já se consagrara em forma de mito. Os fatos que eu vi eram diferentes dos presenciados por outros. E, sendo estes mais fáceis de aceitar, mais convenientes à imagem que se criou da realidade histórica, são os consagrados.

Quando se trata da entrada do Brasil na Segunda Guerra Mundial, pensa-se logo no torpedeamento dos navios brasileiros, com cerca de 1,5 mil mortos, na indignação popular que eles provocaram, nos estudantes que foram às ruas pedir declaração de guerra etc. São fatos reais, não há dúvida. Mas em que medida eles atingiram o grosso do povo?

Lembro-me de soldados dizendo: "Aí está, vocês foram pedir guerra na Avenida, agora aguentem!" Lembro-me, também, de um cabo do Exército, no bonde, por ocasião de uma dessas manifestações: "Quantos desses irão conosco nos navios, quando nos mandarem para o fogo?" E ainda nas vésperas de nossa chegada à linha de frente, ouvia-se entre a tropa: "O velhinho não vai nos abandonar agora. Não viu que ele já mandou embora o homem que nos vendeu por uma garrafa de uísque?" Era assim que se falava de Getúlio e Osvaldo Aranha.

Sim, eu aceito a outra realidade, muito mais edificante. Mas ela não deve anular uma experiência que vivi e que não pode ser excluída da história. Querer que a mesma pessoa ouvisse as arengas pró-Eixo e depois aceitasse tranquilamente ir lutar a favor dos Aliados é querer muito do pobre ser humano. Diante do incompreensível, ele acaba criando o seu próprio mito. E, francamente, aquela figura mítica, do ditador bom, "pai dos pobres", não é mais enganadora que a da união perfeita em torno dos ideais de liberdade e democracia, de um povo que vivia sob uma ditadura de muitos anos. Estou repisando este tema, mas tenho o belo exemplo de Tolstói, que nunca se incomodou em insistir na afirmação das suas verdades, e nunca teve medo da repetição, mesmo quando desaconselhada pelos manuais de estilo.

*   *   *

Mais uma vez a paixão e a dúvida avançam, alternadamente, sua garra afiada. Desta vez, a tragédia do Oriente Médio nos arrasta em seu torvelinho. E em meio destes embates, é com esforço que procuramos manter a lucidez necessária.

12. Major Passos

Vamos chamá-lo assim, pois não me lembro de seu nome. Tinha estatura média e era pouco loquaz. Subcomandante do grupo de artilharia em que eu servia como calculador de tiro, parecia estar ali para algum impedimento do comandante.

Não me lembro de tê-lo visto executando qualquer tarefa. Ele sempre passava por nós a caminho do quarto do comandante do grupo, o tenente-coronel Da Camino.

Contava-se que tinha em sua folha de serviço ações que não combinavam com o seu vulto comum e o rosto sem vibração. Teria participado da Coluna Prestes e, quando esta, na década de 1920, depois de percorrer milhares de quilômetros pelo interior do Brasil, acossada pelas forças do governo, cruzou a fronteira e asilou-se na Bolívia, ele se recusou a acompanhá-la e se escondeu num jazigo de família, no cemitério de um povoado, de onde conseguiu esgueirar-se para o Rio de Janeiro. Teria vivido na clandestinidade até a Revolução de 1930 e seria reintegrado no Exército com todas as honras.

No entanto, o que lembro dele não tem nada a ver com este passado glorioso.

Estávamos em pleno inverno, fazia muito frio, mas ainda não havia nevado. O lugarejo em que nos instalamos, Silla, ficava diante de uma ponte constantemente bombardeada, pois passavam por ela os suprimentos para o *front* da infantaria, pouco adiante. E para dificultar a regulagem de tiro pelo inimigo, os norte-americanos instalaram máquinas fumígenas nas cabeceiras da ponte, de modo que vivíamos dentro de uma nuvem de fumaça. Quando estávamos fora de casa, na hora do rancho, começava o bombardeio, cada um se jogava no chão e se ouvia o ploque-ploque dos estilhaços de granada. Depois, o praça se erguia, apalpava o corpo, feliz por não estar ferido, e voltava para seu lugar na fila, a fim de encher a marmita. Aliás, muitas vezes eu não ia para a fila e alguém se encarregava de me levar a "boia". Sinto até hoje na boca o gosto de certos pratos, particularmente detestáveis, como o da carne com feijão (*Lima beans*), a ração C do Quinto Exército norte-americano, ao qual estávamos incorporados.

Recordo o major Passos num dia fatídico para a FEB, o do ataque ao Monte Castelo em 12 de dezembro de 1944. Tinha havido antes um ataque conjunto americano-brasileiro, repelido pelos alemães. Dessa vez, porém, era tudo por nossa conta.

De véspera, ficamos calculando tiro sobre uma série de posições alemãs e fomos avisados de que iríamos acordar de madrugada para acompanhar com outros tiros a progressão da infantaria.

Dito e feito. Passamos a manhã em atividade, calculando tiros de acordo com os pedidos do observador avançado, oficial de nosso grupo que ficava num ponto da linha de frente, de binóculo milimetrado, observando o ataque e regulando os tiros pelo telefone.

Ficamos calculando o dia todo numa torcida louca para que a ação desse certo. As coisas pareciam ir bem, o Castelo ia ser nosso, mas já de noitinha os alemães lançaram o contra-ataque, e os infantes brasileiros foram desbaratados com grandes perdas.

Eu me lembro de nossa tristeza, dos rostos de meus companheiros na luz escassa que era possível naquelas circunstâncias e da raiva que eles concentravam na pessoa do comandante da infantaria e que encabeçara o ataque, o general Zenóbio da Costa.

Pois bem, naquele clima de desalento, ouviu-se, de repente, a voz do major Passos: "Também, que ideia absurda, querer tomar o morro com os nossos negroides!"

Não me lembro dele nos dias subsequentes, mas, certamente, estava lá, abrindo caminho entre as nossas pranchetas, na direção do quarto do comandante.

O que se gravou com muita força em minha memória foi o mapa daquele pedaço da Itália, com curvas de nível muito próximas entre si e com círculos desenhados em cima, cada uma com um nome de mulher, de modo que os tiros eram calculados sobre nomes poéticos: Wilma 12, Eva 5, Deise 8 etc.

Não estávamos mais em Silla, pois o comando finalmente percebera (depois de quase um mês e meio!) a inutilidade de ficarmos expostos a tantos perigos. Instalamo-nos, portanto, em Bellavista, na montanha, pertinho de Porretta Terme, que se via embaixo.

As casinhas do povoado eram todas térreas, e ali se fixara uma população heterogênea, todos em trânsito e completamente desarvorados[35].

Lá, num ponto mais elevado, víamos o conjunto Monte Castello – Monte della Torraccia – Monte Belvedere, este de cumeeira lisa, despida de vegetação. Mas, apesar de estarmos num lugar relativamente seguro, de noite ouvíamos o zunir das granadas, que iam rebentar em Porretta Terme.

Finalmente, soubemos pelo rádio (frequentemente ligado aos nossos telefones) que a 10ª Divisão de Montanha norte-americana ia ser lançada contra o Monte Belvedere. Ficamos ouvindo notícias sobre a progressão dos norte-americanos e, finalmente, soubemos da conquista daquela posição, uma cumeeira lisa e redonda que dominava o vale.

Era evidente que isso seria seguido por um ataque brasileiro ao Castelo. E foi o que aconteceu.

Houve horas mortas na Central de Tiro, noite adentro. Eu ficava calculando sem parar e o capitão circulando entre as duas pranchetas, a do controlador vertical, que era eu, e a do controlador horizontal e as cadeiras dos três calculadores das baterias de tiro. Pobre capitão Melo! Encolhido em seu capotão, a cabeça ainda mais encolhida sob o capacete de cortiça e o rosto quase escondido atrás de uma echarpe de lã, ficava circulando entre os comandados, esfregando as mãos e desviando-as para os lados, numa posição de quem vai alçar voo, o que lhe valeu a alcunha: "Borboleta". "Cuidado! Cuidado! Senão vai tiro contra a nossa infantaria, né?" Este "né" era a marca pessoal de todo o seu discurso.

Calculando sem parar, deixei, definitivamente, de ir à fila do rancho e alguém me trazia a marmita com o almoço ou o jantar. Apenas uma vez o capitão me substituiu e fui almoçar sobre umas medas de feno, de costas para Porretta Terme. Viam-se, dali, as montanhas de que fazia parte o Monte Castelo, no qual se fixavam os olhos. Ao longe, nossos aviões desciam em voo rasante, ouvindo-se, então, um matraquear de metralhadora, nossas e dos alemães.

Voltando à Central de Tiro, retomei os cálculos, mas, após mais de 48 horas de trabalho, disse a Borboleta: "Capitão, eu não aguento mais. Trate de me substituir". Desci os degraus da entrada cambaleando e, indo para a estrada, joguei-me à sombra do casebre e dormi um par de horas. Depois, voltei a subir e continuei dobrado sobre a prancheta, olhando, no mapa, as curvas de nível e rabiscando cálculos.

Em dado momento, o rádio transmitiu: "O Castelo é nosso!" Pulei, então, de junto da prancheta e ficamos nos abraçando, os praças entre si, ante o olhar estático de Borboleta.

Mas, em meio à nossa explosão de júbilo, ressoou a voz monocórdia do major Passos: "Ora, com tanto tiro, nem é vantagem!"

Aquilo parecia vir de outro mundo, não era o mundo em que se lutava contra o nazismo, a barbárie.

Passado algum tempo, iniciou-se a investida para o vale do Pó, então em efervescência, devido aos combates entre alemães e *partigiani*. Na frente ia o carro-comando do tenente-coronel, com o major ao lado, sempre pálido e sisudo. Depois, os jipes dos oficiais, seguidos pelos tratores das baterias, cada qual com seu canhão atrelado.

Enfrentamos, ainda, resistência em Zocca e Zocchetta. Quando atravessamos Zocca, sentimos o cheiro de cadáveres em decomposição. Certamente, não foi por causa de nossas granadas, pois não teria dado tempo. Deve ter havido ali um massacre de fascistas pelos *partigiani*.

Passávamos por povoados com lençóis alvos pendurados nas janelas. Depois, encontramos populares aglomerados em alguns pontos, atirando-nos flores e gritando: "Liberatori d'Italia! Liberatori d'Italia! Viva i liberatori d'Italia!". Na frente, o carro-comando, com o tenente-coronel e o major ao lado. Em meio à emoção, nem percebíamos o que havia de absurdo nessa apoteose.

Depois, nos cruzamentos, vimos rapazes e moças, de fuzil a tiracolo, que nos saudavam de punho cerrado. Parecia até que estávamos na Espanha republicana.

Um dia, quando nos instalamos num mosteiro abandonado, soubemos que o comando do grupo ia passar para oficiais recém-chegados do Brasil. Não houve qualquer cerimônia de despedida, sequer um aperto de mão, e lá se foi o nosso major, tão alheio a cada um de nós como desde o início, e nunca mais soube algo a seu respeito.

13. Verdades Que Doem: Um Dossiê Sobre a FEB

Parece incrível. Quase sessenta anos depois do fim da Segunda Guerra Mundial, o dossiê sobre a FEB publicado pela revista *Nossa História*, em sua edição de janeiro de 2005, ainda atinge com intensidade aqueles que participaram dos acontecimentos[36]. Aliás, não será novidade afirmar que os textos mais consistentes sobre a guerra surgiram muitos anos depois que ela acabou. No Brasil, isto parece ainda mais verdadeiro.

Veja-se, por exemplo, o caso dos nossos correspondentes de guerra. O que eles publicaram anos depois é bem mais forte do que as crônicas de jornal aparecidas na época, apesar de um toque de sensibilidade extrema que havia nelas. Rubem Braga procurou justificá-las pela censura então exercida, o que não deixa de ser um argumento forte. Mas, na verdade, somente anos depois ele conseguiria dar, sobre esse tema, algo mais vigoroso e condizente com seu pulso de escritor. Que o diga, por exemplo, a apresentação impressionante que escreveu para o *Caderno de Guerra* de Carlos Scliar, datado de agosto de 1969, e cuja edição mais recente saiu em 1995 pela Pinacoteca do Estado de São Paulo. E o mesmo se pode dizer de um texto de Joel Silveira[37].

O dossiê da revista *Nossa História* inicia-se bastante manso. No texto "A Luta Antes da Guerra" o general reformado Aureliano Moura, presidente do Instituto de Geografia e História do Brasil, faz um histórico bem equilibrado das vicissitudes da organização e preparo da FEB, antes de entrar em ação. Todavia, a revista, de modo algum, se ateve às versões oficiais. Isto se evidencia logo a seguir com um artigo curto (que pena!) de Luís Felipe da Silva Neves, autor também de uma dissertação de mestrado sobre a FEB e de um estudo muito bom e muito pessoal sobre o mesmo tema[38].

O texto atual é muito mais sintético, mas, assim mesmo, com alguns dados interessantes como, por exemplo, a explicação de que "a cobra fumando", símbolo da FEB, era "resposta aos incrédulos, que diziam ser mais fácil uma cobra fumar do que o Brasil lutar contra os nazistas". Muito estranho: uma pesquisa universitária, tantos anos após os acontecimentos, esclarecendo pormenores que eu desconhecia.

O texto seguinte, de César Campiani Maximiano, "A Tarefa Rotineira de Matar", tem o grande mérito de basear-se em inúmeras entrevistas com ex-combatentes, como já fizera no livro *Onde Estão Nossos Heróis* e em sua tese de doutoramento, defendida em janeiro de 2005, com o título *Trincheiras da Memória: Brasileiros na Campanha da Itália 1944-1945*[39].

O que ressalta de seu trabalho é a situação dura enfrentada pelos brasileiros. Reforçando o que ele nos transmite de muitos relatos orais, aparece um trecho violento do livro de Leonércio Soares, *Verdades e Vergonhas da Força Expedicionária Brasileira*[40].

Que tristeza, este fato de nossa realidade cultural! Livros importantes, editados longe dos centros maiores, muitas vezes não chegam ao conhecimento destes públicos. Veja-se o texto em questão:

> A terra, pisada e repisada pelos pés dos soldados, tornou-se um lamaçal pastoso e gelado. E fétido, também. Sobretudo ali, naquelas medonhas e encharcadas posições abertas, em forma de túnel, enrustidas que foram sob o velho cemitério de Bombiana. Ali, naqueles buracos de toupeiras, sentia-se ainda muito frio no decorrer das noites. As mãos gelavam-se ao tocar na

terra negra e malcheirosa. Dela, permanentemente, emanava o calor sepulcral de defuntos centenários, confundindo-se, misturando-se e aderindo ao fedor do feno podre que enchia os galochões – o fedor de chulé, de suor velho e encalacrado –, o mau cheiro de toda sorte de sujeira acumulada nos corpos vivos que conviviam com os mortos. Um bafejo forte escapava do fundo da terra do velho cemitério – emanação pegajosa, grudenta, nauseante, impregnava todas as coisas que ali se encontravam.

Dá o que pensar o fato de um texto de tamanha força ficar perdido num livro editado pelo autor e hoje esquecido! Igualmente oportuno é o relato de Francisco César Alves Ferraz, *A Guerra em Tempo de Paz*, onde se narra a história triste do abandono em que ficaram nossos soldados, até que a constituição de 1988 lhes garantiu direito a pensão. O autor publicou o livro *A Guerra Que Não Acabou: A Reintegração Social dos Veteranos da* FEB[41]. O artigo mostra como este abandono a que eles ficaram relegados ligava-se a um clima geral de desconfiança em relação ao que haviam enfrentado e vencido.

Em relação a isto, não posso deixar de relatar uma vivência pessoal. Ocorreu em janeiro de 1960, no Rio de Janeiro, a inauguração do monumento-mausoléu aos nossos combatentes mortos na Segunda Guerra Mundial. Fomos, então, convidados por jornal a carregar as urnas com as cinzas dos companheiros. Lembro-me de que nos concentramos perto da Praça Mauá, onde estavam também os parentes dos que tombaram em combate. Em meio àquela gente, logo notei um rosto familiar: uma mulher humilde, magra, acompanhada de alguns filhos. Não podia haver dúvida, eu conhecia aquele rosto. A pele mulata, os olhos muito vivos, o nariz arredondado, o queixo prognata e o lábio inferior bem saliente não me enganavam: só podia ser a mãe de meu companheiro Berlim, motorista que morreu ao volante de seu jipe num dos bombardeios da ponte de Silla, junto à qual estávamos acantonados. Lembro-me dele, jogando-se na neve às gargalhadas e gritando: "Berlim caiu! Berlim caiu!" Acerquei-me dela e falei-lhe de seu filho que eu nunca mais esqueci.

Transtornado como estava, cheguei a cambalear e fui amparado pelos que se encontravam perto. "O que ele tem? O que foi que aconteceu?" – interessou-se alguém que assistia à cena. E depois que lhe explicaram do que se tratava, ouvi o comentário: "Ora, para que tanta história? Afinal, nossos soldados só morreram de bebedeira ou desastre de jipe."

Ainda sobre este tema, a revista traz uma página dramática de Maria Leônia Chaves de Rezende, professora de História na Universidade Federal de São João del Rei, em Minas Gerais, onde relata o caso de seu pai que, depois de desmobilizado, e tendo de sustentar numerosa família, não encontrou outro meio para conseguir recursos senão fingir-se de louco, a fim de obter a almejada pensão. Devido a isso, permaneceu internado no Hospital Central do Exército durante quatro meses e, numa segunda internação, mais dezessete dias, enquanto sua mulher, professora primária, se encarregava dos onze filhos do casal.

A revista traz ainda um texto de Regina da Luz Moreira, "A Vida Longe do *Front*", onde se relata o cotidiano carioca durante a guerra.

São de se louvar também alguns comentários da redação, que ajudam a reconstituir a estranha epopeia em que nosso povo sofrido mostrou sua fibra e capacidade de resistência. A grande maioria não sabia por que e para que estava na

Itália, depois de deixar um país submetido à feroz ditadura do Estado Novo, a fim de defender a democracia sobre a neve e o gelo das montanhas italianas. No entanto, eles se desincumbiram da tarefa como os melhores. O dossiê de *Nossa História* tem o grande mérito de lembrar isto às novas gerações.

14. No Cerne do Humano: As Crônicas de Guerra de Rubem Braga[42]

Além de constituírem parte importante da obra de Rubem Braga, suas crônicas, escritas umas em 1944-1945, outras mais tarde, constituíram um documento impressionante sobre os extremos de barbárie de que o homem é capaz, mas também sobre o lirismo que o cronista soube captar nos momentos mais inesperados. Realmente, ele era a pessoa talhada para essa tarefa. Sua identificação profunda com nosso homem do povo, a sensibilidade com que soube escrever sobre a população pobre dos grandes centros e do interior parecia torná-lo particularmente apto a esta tarefa.

Lembre-se que alguns de seus primeiros trabalhos como jornalista tratavam de uma situação de guerra; no caso, a Revolução Constitucionalista de São Paulo, em 1932, quando Rubem, então com dezenove anos, trabalhou como correspondente para um jornal de Belo Horizonte[43].

Tenho agora em mãos seu livro que reúne a correspondência enviada da linha de frente italiana para o *Diário Carioca* do Rio de Janeiro[44]. Tem as folhas amareladas e elas vão se esfarelando enquanto o manuseio, prova palpável das restrições daquele tempo.

O volume é precedido de uma nota "Ao Leitor", característica pelo toque de tristeza e desalento muito comum em Rubem.

Segundo afirma, ele pretendia criar "uma espécie de cronicão da FEB à boa moda portuguesa antiga", mas "o sonho durou pouco", pois os correspondentes de guerra brasileiros se chocaram com a "estupidez mesquinha dos

feitores de imprensa sob o Estado Novo", com as suas inter-
dições violentas, as eliminações absurdas de textos etc. Mas,
apesar de todos estes empecilhos, o resultado foi notável.

Em apoio ao que estou dizendo, basta ler a primeira
dessas crônicas: "A Partida". Todos nós que vivemos aqueles momentos sentimos a justeza das palavras do cronista.
Estão ali as fortalezas embandeiradas para a despedida, as
lanchas com gente acenando e aquele pequeno barco de
pesca e um pescador solitário em pé, acenando também.
Tudo muito singelo e exato.

Em diversas passagens aparece claramente o Rubem
Braga socialista e lutador antifascista de longa data, mas
sempre contrário aos comunistas de Prestes. O livro é dedicado a dois homens do povo, um chofer e um pedreiro,
que dez anos antes tombaram na cidade natal do cronista,
Cachoeiro do Itapemirim, na luta contra os integralistas,
bem antes do surgimento da FEB. Realmente, em nossa
literatura, temos aí um dos raros momentos em que há
referência ao clima de guerra civil vivido pelo país antes
da insurreição de 1935.

Ao mesmo tempo, Rubem Braga mostra muito bem
a FEB como parte de uma ação mais vasta: a luta contra o
fascismo em escala mundial. Neste sentido, adquire importância especial a crônica "O Pracinha Juan", onde se conta
a história de um brasileiro, filho de espanhóis, criado na
Espanha a partir dos cinco anos, e com quem o cronista
conviveu. Depois de lutar pela República, na Guerra Civil,
ele sofreu o diabo na Espanha de Franco, mas finalmente
conseguiu ser repatriado e fez questão de continuar sua
luta antifascista, desta vez na FEB.

Um dos grandes momentos do livro é, certamente, "A
Menina Silvana", a criança de dez anos que ele viu estendida
sobre a mesa de um posto de saúde na linha de frente, quase

inteiramente despida, com o corpo dilacerado pela explosão de uma granada. Sem saber se ela sobreviveu, o cronista junta este caso ao de tantas crianças martirizadas em nosso mundo inclemente. E a sua palavra fustigante volta-se contra o capitalismo, que tornou possível tamanha iniquidade.

Mas, apesar de todas estas qualidades do livro e das crônicas escritas sobre esse tema anos mais tarde, eu releio sempre esses textos com um misto de fascínio e frustração. É realmente extraordinária a força com que ele captou aquele momento histórico, a humanidade que soube imprimir àquelas páginas, mas, ao mesmo tempo, não posso deixar de assinalar: ficou faltando algo.

Rubem Braga estava imbuído de mentalidade antifascista e antigetulista e tudo o que ele escreveu ficou marcado por esta sua convicção profunda. Ademais, deve-se reconhecer: ele conviveu com os soldados nas duras condições da guerra nas montanhas, na medida em que isto lhe foi permitido pelo comando. Sente-se nele forte identificação com os homens em combate. O leitor de sua obra acaba vendo naqueles homens verdadeiros lutadores antifascistas, que parecem plenamente cônscios da importância dessa tarefa. No entanto, a realidade foi outra.

Já tratei desse tema em meu livro *Guerra em Surdina* e vários outros textos, mas não há como deixar de repetir-me um pouco.

Como se sabe, o afundamento de navios mercantes brasileiros, próximo ao nosso litoral, com cerca de 1,5 mil mortes, foi seguido de uma explosão popular nas grandes cidades. Manifestações promovidas por estudantes pediram, então, a declaração de guerra às potências do Eixo. Ao efetivá-la, o governo parecia atender a um desejo do povo.

Aquela explosão, porém, se dera nas cidades maiores e não atingira a grande massa da população. Durante anos seguidos, o governo parecia inclinar-se para as potências do Eixo. Querer que, em dado momento, o homem do povo assumisse a posição oposta, era querer demais do ser humano.

Lembro-me de que nós outros, convocados oriundos da classe média, ficávamos submergidos num verdadeiro mar humano, que não tinha as mesmas convicções e usava uma linguagem diferente. Costumavam dizer: "Fomos vendidos por dólares". E hoje, pensando na reivindicação que houve na época, por parte do governo Vargas, junto aos norte--americanos, de ajuda para a instalação de uma grande usina siderúrgica em Volta Redonda, constata-se que a afirmação tinha o seu fundo de verdade. Ademais, eles chegavam a dizer que nossos navios foram afundados por norte-americanos e não alemães ou italianos.

Vem agora à memória um dia em Vada, nas vésperas de nossa partida para a linha de frente. Havia perto do acampamento um poste em que se afixavam notícias do dia. Pois bem, causou sensação a notícia de que Osvaldo Aranha deixara de ser ministro das Relações Exteriores do governo. Repetia-se: "Agora, nós vamos voltar, o velhinho vai nos chamar de volta. Já deve ter navio brasileiro esperando no porto para nos levar."

Poucos dias depois, recebemos papeizinhos mimeografados com a letra do hino "Deus Salve América", em tradução brasileira, a ser cantada na cerimônia de nossa incorporação ao Quinto Exército norte-americano, em presença de seu comandante, general Marc Clark, e do nosso comando. Lembro-me também de um ensaio geral, quando fomos conduzidos a um campo da vizinhança, onde se concentrou todo o Primeiro Escalão da FEB. Na frente, havia um estrado, onde ficou um sargento-músico, de batuta em punho. Ao lado, o general Zenóbio da Costa, comandante de nossa infantaria.

Num dado momento, o sargento-músico empunhou a batuta, o general comandou: "Sentido!" e em seguida gritou; "Canta, Sexto Regimento!" Mas ouviram-se apenas umas poucas vozes de oficiais. Os soldados recusavam-se a cantar aquele hino, em que o louvor à América referia-se, evidentemente, à América do Norte.

Lembro-me do vulto atarracado do general e de seu rosto roxo de fúria. "Canta, canta, Sexto Regimento!" – gritava ele, mas em vão.

Comandou, então: "Canta, Segundo de Artilharia!" Ergui o mais que pude a minha voz de taquara rachada, acompanhando o entoar do hino por oficiais e uns poucos companheiros da Bateria-Comando. Alguém gritou, então, perto de mim. "Isso! Canta, escravo!", deixando-me com as orelhas em fogo.

Depois, não sei como decorreu a cerimônia da incorporação, pois fui escalado para serviço no acampamento.

No entanto, aqueles homens destreinados, vindos de um país tropical e enfrentando o gelo e a neve nas montanhas italianas, revelaram-se soldados de verdade. Eu sempre pensei que, para lutar bem, o homem precisava estar motivado, isto é, ficar bem cônscio da justeza de sua luta. No entanto, eu os vi tornarem-se soldados da noite para o dia, naturalmente, com a maior tranquilidade. Depois, a identificação com a população civil e o contato com os resultados da invasão nazista, com seus desmandos e crueldades, fez o resto.

E os mesmo homens que se recusaram a cantar o hino passaram a ser admirados pelos aliados e pela população. Como explicar isso? Aprendi, então, a admirar o nosso homem do povo e a lamentar a distância que nos separava.

Trata-se de algo que vivi, mas não é motivo para mitificar nosso homem do povo, e nisto minha opinião coincide com a de Rubem Braga. Nosso soldado teve na Itália os seus sucessos e seus fracassos. No final das contas, atuou tão bem e tão mal como os soldados de outras nacionalidades, e isto já é muito. Mas eu que esperava um desastre total, só posso recordar aqueles momentos com gratidão e carinho. Sempre me vem a lembrança de praças se arrastando sobre a neve, sob bombardeio, para consertar linhas telefônicas. Seriam os mesmos resmungões de Vada? Até hoje fico intrigado com a diferença entre uma atitude e outra.

Mais tarde, já de regresso ao Brasil, pude constatar claramente: aquele estado de espírito difundido entre os praças era apenas a manifestação de um tipo de mentalidade entranhada no povo.

Tive uma surpresa quando fui assistir ao desfile do Segundo Escalão, de regresso ao Rio de Janeiro. Tal como em nosso caso, o percurso incluía a avenida Rio Branco, onde se armaram arquibancadas. Desci do ônibus junto à Esplanada do Castelo, para ir até a avenida. Caminhei, então, no meio de verdadeira multidão, muitos empunhando bandeirinhas nacionais.

De repente, ouvi sirenes tocando e um ruído de motocicletas em grande velocidade. Pouco depois, precedido de batedores, passou junto a mim o carro do chefe de Estado, risonho e acenando para o povo, que estava gritando: "Getúlio! Getúlio!" Creio que ele deve ter recebido mais aplausos que os meus companheiros do Segundo Escalão.

Isto me deixou muito deprimido, pois meu estado de espírito era bem semelhante ao que Rubem Braga expressou em suas crônicas (descontadas, naturalmente, posições político-partidárias de momento).

Existe ainda outro tema cuja ausência estranhei naqueles textos: a relação com os norte-americanos. Aliás, ele teve bastante contato com os ianques, mas tratou disso muito pouco. Se durante a guerra a censura não permitia escrever sobre isso, depois não lhe faltou oportunidade para fazê--lo. É evidente que a saborosa história de uma aventura com a norte-americana Alice, que ele chamou de Hélice, e que trabalhava no 48th Evacuation Hospital, não chega a preencher esta lacuna[45].

Em primeiro lugar, é preciso reconhecer: o relacionamento entre oficiais e praças, no exército norte-americano, era muito mais humano que em nossa tropa. Um estudo brasileiro, a tese de doutoramento de César Campiani Maximiano[46], me ensinou que isto era consequência da mobilização nos Estados Unidos, com predomínio do número de convocados civis. Em todo caso, ficava bem marcada a diferença em relação a nossa tropa. No que se refere a esta, Rubem Braga teve, ao que me perece, mais contato com os soldados já no *front*, junto à infantaria, onde o perigo e as privações enfrentadas em comum acabavam com muitas das divisões correntes nas fileiras.

Vêm-me à memória muitos norte-americanos, uns rapagões fortes, comunicativos, dizendo a todo momento, a propósito de qualquer empecilho: "Take it easy!"

No entanto, este aspecto simpático não é o que predomina em minha lembrança. Pois não há como esquecer os outros norte-americanos, a tropa de homens negros, isto é, a 92ª Divisão norte-americana. Muitos deles em nosso país seriam considerados brancos, mas os rigores oficiais ianques frisaram a sua descendência africana.

Os outros, os brancos, falavam deles com desprezo e diziam que era inevitável sofrerem um fracasso.

Isto sempre me deixou perplexo. Já no navio-transporte, o General Man, a separação entre negros e brancos era chocante. Parte da tripulação consistia em *colored people* e eu os via ocupados, sobretudo, com a limpeza. Seus alojamentos eram separados dos nossos e da tripulação branca. Quando cruzávamos com eles por acaso, estavam sempre mudos e cabisbaixos.

É verdade que Rubem Braga embarcou com o Segundo Escalão, viajando, pois, em outro navio. Mas, será que as condições ali eram diferentes?

Depois, já na linha de frente, eu via sempre os soldados da 92ª Divisão comandados por oficiais brancos. Que entusiasmo eles poderiam ter?

E o pior foi que o desastre esperado pelos norte-americanos brancos realmente aconteceu.

Quando fomos transferidos para o setor de Monte Castelo, já tinha havido uma investida contra as posições de nossa infantaria, e uma companhia chegou a efetuar retirada, após ataque da ss gritando: "Heil, Hitler!"

Mas a transferência para outro setor evitou uma situação mais difícil para a FEB. A 92ª Divisão sofreu, então, o impacto de um ataque em grande escala e chegou a debandar. Os alemães retomaram o território que fora ocupado pelos nossos soldados. Foi somente após a transferência de outras tropas para aquele setor que o Quinto Exército norte-americano conseguiu retomar dos alemães aquele território.

Conversei sobre o assunto da discriminação com os americanos brancos. Um deles me disse, então: "Nós sabemos que vocês é que estão certos. Em seu exército há brancos, mulatos, negros, amarelos. Mas para nós é impossível."

Deixemos, porém, de lado estas diferenças na apreensão daquele momento histórico. Ele realmente deve ser abordado com a soma das impressões e comentários mais diversos. E agradeçamos à sorte a possibilidade de ler um autor como Rubem Braga.

Na minha leitura, há um escrito que parece a síntese do que ele pretendia dizer: "Texto para o *Caderno de Guerra*, de

Desenhos de Carlos Scliar". Realmente, com esse prefácio chega-se a um dos pontos altos da literatura que trata do homem na guerra. E não tenhamos dúvida: ao narrar a sua vivência de correspondente, nosso cronista chegou ao âmago do humano.

Bibliografia Sumária

As crônicas de guerra de Rubem Braga foram editadas primeiro no livro que já citei: BRAGA, Rubem. *Com a FEB na Itália*. Rio de Janeiro: Zelio Valverde, 1945, que teve sucessivas edições.

Várias crônicas sobre o tema da guerra apareceram em alguns de seus livros, mas depois foram reunidas numa obra de conjunto. *Crônicas da Guerra na Itália* teve três edições, sendo a última da Biblioteca do Exército, do Rio de Janeiro, em 1995, mas está esgotado.

Cadernos de Guerra de Carlos Scliar, com texto de Rubem Braga, foi publicado pela editora Sabiá em 1969 e teve reedição pela Imprensa Oficial do Estado de São Paulo, em 1995, e está esgotado.

O seu escrito sobre a Revolução Constitucionalista de 1932 pode ser encontrada no livro de Marco Antonio de Carvalho, *Rubem Braga: Um Cigano Fazendeiro do Ar*. Porto Alegre: Globo, 2001.

Livros Sobre o Cronista

CASTELLO, José. *Na Cobertura de Rubem Braga*. 32 ed. Rio de Janeiro: José Olympio, 1996.

CARVALHO, Marco Antonio de. *Rubem Braga: Um Cigano Fazendeiro do Ar*. Porto Alegre: Globo, 2007.

15. Os Perigos da Ecologia

Segundo crença geral, a Ecologia seria ciência de criação recente, que teria surgido com os movimentos em defesa do meio ambiente e, sobretudo, como decorrência da degradação ambiental provocada pelas explosões atômicas. Agora, um artigo em italiano de Giorgio Nebbia, divulgado pelo Google, me ensina que o termo foi criado pelo biólogo alemão Ernst Haeckel, em 1866. No referido artigo se lê ainda:

> este admirador e divulgador de Darwin explicou que se devia estudar as interações dos seres vivos entre si e com o ambiente inorgânico circundante, as respectivas trocas de matéria e energia, e definiu a Ecologia como a economia da natureza[47].

Em minha vida, porém, essa ciência irrompeu em 1939, embora a palavra não fosse então de conhecimento geral e, proferida, chegasse a causar estranheza.

Eu estava cursando o terceiro ano da Escola Nacional de Agronomia, instalada num prédio majestoso da Praia Vermelha, no Rio de Janeiro. Quando ia de bonde para as aulas, sempre via, agarrados às grades de cada cubículo, os infelizes encerrados no Manicômio, depois substituído ali pela Reitoria da Universidade Federal do Rio de Janeiro. O prédio me lembra sempre os últimos dias de Lima Barreto, que fora internado no estabelecimento.

Aliás, todo o entorno estava marcado pelos vestígios do passado. Assim, na entrada do edifício em que eu assistia às aulas, um leão imponente e muito branco erguia a pata direita, preguiçoso e bonachão.

Felizmente, eu havia superado, bem ou mal, a barreira do Primeiro Ano, o espantalho do curso, com aulas de Física, Geometria Descritiva e Cálculo Diferencial e Integral. Não tendo grande aptidão para Matemática, ficara para segunda--época nas duas disciplinas matemáticas, mas fui aprovado em ambas, "na tangente" (como se dizia), graças, em grande parte, à abnegação do professor de Geometria Descritiva, que, em pleno verão carioca, voltava àquele prédio três vezes por semana, para ministrar, gratuitamente, aulas de reposição a um grupo de rapazes que ele reprovara, e aos quais conseguia incutir, assim, os princípios essenciais daquela ciência. Lembro-me com muita gratidão daquele homem baixinho, discreto, muito rubicundo e suado, sempre encolhido em seu terno de casemira escura, certamente imbuído da certeza de que as épuras e cálculos ensinados por ele eram absolutamente indispensáveis aos futuros agrônomos. Hoje, toda aquela ciência se esvaiu em minha memória, mas ficou, persistente, aquela presença humana.

Já no terceiro ano, as matérias eram mais ligadas à profissão, mas sempre ensinadas muito teoricamente. Os professores iam desfiando suas histórias, quase sempre expostas com muita fluência, e nós enchíamos de anotações cadernos e mais cadernos.

Entre os mestres, havia alguns realmente famosos, como o zoólogo Cândido de Melo Leitão e o entomologista Ângelo Costa Lima, este sempre apaixonado pelo que ia expondo. Chegava a dissecar insetos em nossa frente e acabava estimulando-nos a fazer o mesmo. Tínhamos outros trabalhos práticos, com uso de microscópio, com o professor de Patologia das Plantas Úteis, e as aulas de Química eram todas no respectivo laboratório.

Quem ministrava as aulas de Agricultura Geral era um senhor gordo e bem falante, que discorria com entusiasmo sobre Podologia, a ciência do solo, e que nos fazia decorar os nomes de seus grandes representantes, quase todos russos, e desfiava estranhos vocábulos (isto é, estranhos para ouvidos brasileiros), como *tchernoziom*, a terra negra típica da Ucrânia, e que era uma das grandes riquezas da União Soviética. Aliás, *tchernoziom* é um nome que soa em russo com a maior naturalidade.

Pois bem, esse professor nos falou com especial entusiasmo de um cientista italiano, Girolamo Azzi, autor de um livro famoso, *Ecologia Agrícola*, que acabara de ser traduzido para o português, por iniciativa do Ministério da Agricultura, em cuja sede era distribuído gratuitamente. Lembro-me de que o Ministério ficava num conjunto de edificações bonitas do Século XVIII ou acrescentadas depois, no mesmo estilo, e que eu costumava frequentar, pois gostava de visitar o Museu Histórico, uma dessas edificações, mas não atendi à sugestão e não fui apanhar aquele livro.

Pois bem, houve um dia em que a aula de Agricultura Geral foi suspensa para que os alunos pudessem assistir a uma conferência do Prof. Azzi (então em visita ao Brasil), no Salão Nobre do edifício. Mas, em vez de acompanhar os colegas, eu me dirigi à biblioteca, onde fiquei lendo com empenho um dos poucos livros que não tratavam de Agronomia: o capítulo de uma velha enciclopédia brasileira dedicado aos místicos espanhóis. Eu não conhecia nada sobre o assunto e Murilo Mendes só escreveria mais tarde suas belas páginas sobre esse tema[48].

No entanto, ainda que mera informação superficial, o texto me deixou empolgado.

Quando estava imerso na leitura, vi deter-se diante de mim um vulto masculino. Eu me ergui imediatamente e me pus à disposição do visitante.

Era um homem alto, moreno, muito elegante. Lembro-me de seu terno de corte impecável, dos olhos muito vivos e da expressão afável de seu rosto. Segundo o artigo de Giorgio Nebbia, citado há pouco, tinha então 54 anos, mas parecia muito mais moço.

Ao mesmo tempo, uma raiva impotente se apoderou de mim, pois na lapela de seu paletó, lá estava o símbolo odiado, o distintivo do *fascio*, aquele feixe de ramos encimando um cilindro.

Ora, na época, não havia mais ilusões sobre o fascismo de Mussolini. Sua aliança com a Alemanha nazista fora proclamada e o italiano promulgara as "leis raciais", que estabeleciam diferenças de direitos entre os cidadãos italianos, conforme a origem racial. Os professores universitários ficavam, desde então, obrigados a jurar fidelidade ao regime, e os que se recusaram a fazê-lo foram simplesmente demitidos e alguns presos e deportados para lugares distantes.

Fui pensando em tudo isso enquanto o senhor amável procurava estabelecer comigo um diálogo, ele num italiano sonoro, impecável e perfeitamente compreensível, mesmo para quem não conhecia essa língua; eu num português gaguejado de quem não acreditava naquele diálogo.

Depois de algumas palavras amáveis, ele apontou para o livro aberto sobre a mesa e perguntou o que o texto tinha a ver com os meus estudos de Agronomia. Certamente, era o momento de iniciar uma argumentação veemente sobre a necessidade de cultura geral, mas eu só balbuciei algo neste sentido e, logo, dei por encerrado o diálogo. Saí dali muito frustrado, pois gostaria de ter exposto com veemência o que pensava do sistema do qual aquele indivíduo tão elegante era, certamente, fiel servidor. E a gentileza com que me tratara acabava sendo mais um motivo de irritação.

Depois disso, os acontecimentos foram se sucedendo num turbilhão, e eis-me incorporado, como terceiro-sargento, à Força Expedicionária Brasileira na Itália, cumprindo as minhas obrigações de calculador de tiro.

Certa vez, pouco antes da ofensiva que daria fim à guerra na Itália, fui passar cinco dias de licença em Roma. Pois bem, deu-me na veneta ir procurar aquele senhor elegante, o fundador da Ecologia Agrícola ("Ecologia Agraria", segundo os italianos). Informei-me sobre o endereço do Ministério da Agricultura e me vi diante de um edifício pesadão, de típica "arquitetura fascista", em contraste com edifícios mais elegantes e leves na redondeza.

Por mais estranho que pareça, não houve qualquer dificuldade de encontrar o Prof. Azzi. Um contínuo solícito me encaminhou para o porão do edifício, onde se localizava o gabinete do professor. Bati na porta e quem me abriu foi aquele mesmo senhor elegante que eu conhecera no Rio de Janeiro. Estava agora um tanto grisalho, meio encurvado, menos elegante, mas com a mesma expressão afável e a mesma fluência de discurso.

Naturalmente, estava surpreendido com aquela visita de um militar do Quinto Exército norte-americano, tendo na ombreira o distintivo da cobra fumando (desenhado por um sargento brasileiro, mas com versão definitiva de Walt Disney), e cujo significado as pessoas não compreendiam.

Lembrei-lhe aquela tarde no Rio de Janeiro, na biblioteca, e o diálogo que mal chegamos a entabular. Falei-lhe da minha condição de brasileiro naturalizado, nascido na Ucrânia, e que estava agora lutando contra os nazistas.

Depois da surpresa inicial, foi-lhe voltando a fluência discursiva e ele ficou discorrendo sobre as vicissitudes da guerra. O grande problema de sua vida, na época, era a situação de um filho, que havia participado da força expedicionária italiana, enviada para a frente russa, e estava agora prisioneiro na Rússia. Comunicava-se com ele por meio da Cruz Vermelha, que se encarregava da correspondência e da entrega de encomendas.

Lembro-me de que, fiel ao seu comportamento um tanto ostentatório, ele foi passando de seu italiano tão sonoro para algumas frases em inglês e francês, mas a ostentação linguística não me convenceu muito: seu inglês e seu francês não me pareceram muito melhores que os meus, aliás, bem precários. Livros que andei consultando agora me informaram que ele teria, também, domínio do russo, do sueco e do português do Brasil, mas isto não apareceu em nossa conversa.

Entre as informações que pude prestar-lhe estava o fato de que, ao ser convocado pelo exército, eu trabalhava no Instituto de Ecologia Agrícola, instalado no km 47 da antiga rodovia Rio de Janeiro – São Paulo, e que devia seu nome, certamente, ao livro de sua autoria[49].

Agora, na falta da tradução brasileira, que não consegui, pude consultar a tradução espanhola de seu livro *Ecologia Agraria*, editada em 1947[50], e, portanto, com dados mais recentes que os da tradução brasileira, de 1939. O volume é prefaciado pelo engenheiro-agrônomo Eduardo Mendonza Goiticoa, então ministro de Agricultura y Cria de Venezuela, e que trouxe diversas informações interessantes.

Fiquei sabendo, por exemplo, que o Prof. Azzi passou a residir na Venezuela em novembro de 1946 e que, depois, visitou os Estados Unidos, onde encontrou muita receptividade da parte do Departament of Agriculture. Aliás, segundo o artigo já citado de Giorgio Nebbia, no currículo do Prof. Azzi constava uma estada na União Soviética, a convite do grande geneticista, Prof. N. Vavilov, mas isto não o impediu de se estender, no livro, sobre os trabalhos de T. Lissenko, o *factótum* de Stálin no setor dos estudos de agricultura, e de silenciar completamente o fato de que, de uma hora para outra, os trabalhos dirigidos por Vavilov foram simplesmente proibidos e o próprio cientista condenado a trabalhos forçados, morrendo pouco depois. Ou será que o texto do livro de Azzi é anterior a esses fatos?

Enfim, a história das ciências em nosso tempo está ligada intimamente com a história política e não dá para estudá-la desvinculada desta. Ainda segundo Nebbia, a aproximação entre especialistas soviéticos e o Prof. Azzi teria tornado este suspeito para as autoridades fascistas, mas isto me parece duvidoso.

Voltando mais uma vez ao artigo em questão, fico sabendo que o Prof. Girolamo Azzi faleceu em 1969, isto é, aos 84 anos. Ao mesmo tempo, não deixo de sentir um travo amargo e algo que parece tristeza.

16. Trancos e Barrancos

I

1º de setembro de 1939.

Datas, efemérides, celebrações – depois de tudo o que aconteceu, que valor elas podem ter?

Quem se lembrará do dia terrível em que foi aceso o primeiro forno crematório alemão? Ou a data do massacre de Katyn, quando a fina flor dos oficiais do exército polonês foi sacrificada pelos esbirros de Stálin?

Em que data mesmo foi que os ingleses desembarcaram na Grécia libertada pelos guerrilheiros, para impor aos gregos um rei que eles não queriam, e para isto bombardearam cidades e metralharam populações famintas?

Lembro-me, por exemplo, de 12 de dezembro de 1944, dia em que soldados brasileiros, completamente destreinados, vindos de um país sob ditadura feroz, para "lutar pela democracia", foram lançados morro acima, numa tentativa insana de tomar o Monte Castelo, defendido pela poderosa máquina de guerra alemã. Que adianta lembrar esta data? Ela nunca será pretexto para hinos e paradas.

E o que dizer de tantas datas inglórias? Quando foi, em que mês, em que ano, que o Exército Vermelho se deteve à vista de Varsóvia em chamas e deixou que os alemães acabassem de liquidar a rebelião polonesa, mas de poloneses que não eram favoráveis à União Soviética? Ou esta versão é falsa? Quem será capaz de orientar-se nas toneladas de papel impresso, que se divulgaram de lado a lado?

Não sei! Só tenho consciência do seguinte: uma data como 12 de dezembro, de um ataque fracassado ao Monte Castelo, rememora uma época de opróbrio, de miséria, de atos tais que fazem com que um homem de minha idade tenha vergonha de encarar um coetâneo de outra nacionalidade. Será preciso comemorar isto?

2

No terceiro e penúltimo ano de meu curso na Escola Nacional de Agronomia, no Rio de Janeiro, tive aulas de agrimensura com um professor baixinho, calvo e de ar assustado.

Depois de algumas exposições teóricas, ele nos levou de ônibus à Quinta da Boa Vista, umas duas vezes, para aula prática sobre o uso do teodolito. Éramos mais de vinte e, por isso, quando chegava a vez de manejar o aparelho, seu uso era bastante limitado.

Na segunda vez, enquanto aguardávamos, ficamos ouvindo uma estação de rádio local difundindo notícias sobre o bombardeio de Varsóvia pela aviação nazista. O locutor ia transmitindo as notícias sem esconder sua indignação.

Eu me recordo bem da reação de um dos meus colegas, rapaz magrinho, desajeitado e muito feio, que ia fazendo caretas enquanto falava.

"Ora, o que ele queria? Que os aviadores jogassem flores?"

Sua imagem ficou gravada em minha memória como exemplo vivo da desumanização que se alastrava na época.

3

Foi com profunda vergonha e indignação que eu li nos jornais notícias sobre a partilha da Polônia entre soviéticos e nazistas, no início da Segunda Guerra Mundial. Desta vez, meu estado de ânimo coincidiu totalmente com o de minha irmã e meu cunhado.

Minha mãe, porém, ficava sempre calada quando eles expressavam o que sentiam em relação aos acontecimentos. Mas depois, em casa, ficava argumentando em favor da partilha. O jeito mesmo era calar-me diante daquela barbárie.

Ainda não se tinha notícia dos extremos a que havia chegado aquela ação conjunta. Foi preciso passarem muitos anos para que se conhecesse plenamente a amplitude do massacre de Katyn, com a eliminação dos oficiais do exército polonês aprisionados pelos russos, num total de milhares.

No entanto, o que se lia nos jornais era suficiente para uma pessoa querer esconder-se de vergonha.

Uma das notícias que me deixou mais transtornado foi a de que Von Ribbentrop, em Moscou para a assinatura do Pacto de Não-Agressão, fora homenageado com a montagem, em russo e com artistas russos, de uma ópera de Wagner, sendo o espetáculo planejado e dirigido por Eisenstein, que tinha pai judeu, o grande Eisenstein de *O Encouraçado Potiômkin*!

Realmente, os acontecimentos acabavam escapando completamente à nossa compreensão.

Com a ocupação da Noruega pelos nazistas, levei um susto e fiquei completamente perplexo ao saber que Knut Hamsun havia manifestado seu apoio aos invasores e ao governo fantoche de Quisling, pois *Fome*, daquele escritor norueguês, era um dos meus livros de cabeceira.

Eu o lia sempre como uma obra de protesto e senti a adesão do autor aos nazistas como uma verdadeira bofetada. Recorrendo a fontes soviéticas fiquei sabendo que, já no início do século XX, Plekhanov tinha atacado o reacionarismo do escritor norueguês, mas que eu não tinha percebido pelo texto de *Fome*, nem de uns poucos romances mais, e que eu lia sempre como um protesto contra a sociedade capitalista.

Aliás, o escritor soviético Guenádi Fisch publicou na revista *Nóvi Mir* anotações de uma viagem à Noruega, onde se detém bastante na obra de Knut Hamsun e lembra que Tchékhov tinha confessado seu entusiasmo por ele numa época em que o autor era mal conhecido até em sua pátria e, numa carta ao romancista norueguês, Górki escrevia: "Digo-lhe com toda a sinceridade, o senhor é o maior artista da Europa, não existe em nenhum país alguém que seja seu igual."

4

O navio-transporte norte-americano General Man, com a sua carga de 5.075 brasileiros – quase todos aflitos e revoltados porque a sorte havia recaído justamente sobre eles, com a missão de ser a primeira tropa sul-americana a lutar numa guerra na Europa –, estava sulcando o Atlântico pontilhado por submarinos alemães e italianos. Nesta caçada às escuras, estávamos levando a melhor e já nos aproximávamos de Gibraltar e da entrada no Mediterrâneo.

Por enquanto, porém, somente se via céu e mar, tudo cinzento-esverdeado, com um vento gélido a beliscar-nos o rosto e as orelhas. Depois de alguns dias em que a maior parte dos soldados estava com enjoo, pela primeira vez subiu-se ao convés de um jeito mais desafogado. É verdade que o "morcegão", o jaleco salva-vidas, quente e pesadão, de uso obrigatório, pesava no peito e nas costas, mas o impacto violento do ar frio não deixava de ser agradável.

Encostado na amurada do navio, fiquei olhando um grupo formado na proa. Um conjunto de mulatos de morro carioca empunhava seus violões com um jeito que parecia bem profissional. Depois, eu nunca mais os veria. Mas ali, junto à amurada do navio, fiquei admirando aqueles tipos bem cariocas.

O rapaz magro que dirigia o conjunto fez um sinal aos demais e eles entoaram um samba de Herivelto Martins:

> Odete, ouve o meu lamento,
> Lamento de um coração magoado...

Nunca mais os vi, não sei o que foi feito deles, e se sobreviveram às investidas insanas contra os alemães de Monte Castelo, mas aquele canto, em pleno Atlântico, com aquele toque de tristeza bem brasileiro, me deixou um travo amargo e uma admiração profunda pelo nosso homem do povo, que sabe entoar seu canto nos momentos mais oportunos.

5

Uma das etapas mais importantes da identificação do soldado da FEB com a sua função bélica foi o contato com a população civil na hora do rancho.

O caldeirão fumegante lá estava à sombra de uma árvore e, diante dele, uma fila de praças de marmita na mão. Do outro lado, junto a outras árvores, um magote de população miserável, inclusive crianças maltrapilhas, os olhos acesos dirigidos para o caldeirão.

Eu vi, então, soldados encherem a marmita e irem diretamente entregá-la a algum dos populares que assistiam à cena. Realmente, nada nos enquadrou melhor em nossa condição de combatentes em meio à população reduzida à miséria mais extrema.

6

Era uma vez uma pobre cobra verde não venenosa, que levava uma vida tranquila no meio de um vinhedo, junto a Vada, perto dos Apeninos. Mas, para desgraça daquele bicho, foi instalar-se naquele vinhedo a nossa tropa de artilharia da FEB.

Um dos soldados teve, então, a ideia de caçar aquele animalzinho inofensivo. Prendeu-o numa caixa de papelão e chamou os companheiros. Estes apanharam um cigarro Yolanda, um "destronca-peito" horrível, acompanhado da imagem de uma loura sorridente. Um dos soldados acendeu um cigarro e deu uma tragada, enquanto o pobre bichinho se debatia, segurado por um dos praças.

Pois bem, eles enfiaram aquele cigarro na boca do réptil, amarrando-lhe o focinho (uma encenação, na prática, da expressão "cobra fumando"), e ele saiu em disparada por aquele vinhedo, em meio aos gritos alegres daqueles jovens, que celebravam, assim, aquela passagem à sua condição de feras.

E eu ainda iria ver muitos bichos vítimas da maldade humana em meio à carnificina estúpida.

7

Quando o 1º Escalão da FEB estava acampado perto de Nápoles, na cratera de um vulcão extinto, fui chamado para a barraca do comandante de meu grupo de artilharia, à entrada da qual encontrei sentados vários oficiais nossos, entre os quais aquele comandante, tenente-coronel Da Camino, além de dois oficiais do 8º Exército Inglês, que tinham na ombreira a inscrição "Palestine" (os atuais Estado de Israel e Estado Palestino ficavam, então, englobados por esta denominação). Fui apresentado a ambos e fiquei sabendo que pertenciam à brigada da Palestina do Exército britânico e estavam ali numa visita de cortesia à FEB.

Depois de umas poucas palavras em inglês, passamos a comunicar-nos em russo, que eles falavam com desembaraço e com o indefectível sotaque odessita, que identificava imediatamente sua origem.

Foi um encontro breve e cordial e, pouco depois, eu estava de volta a minha barraca, que partilhava com outro sargento convocado.

Depois, em Roma, numa licença de cinco dias, fiz uma visita à brigada palestina, ou melhor, ao refeitório que eles mantinham no centro, aliás, um misto de refeitório e lugar de espairecer, quase um clube.

Fui me dirigindo a eles em russo, pois não conheço hebraico nem iídiche, a língua dos judeus da Europa Oriental, e não houve sequer um caso em que a pessoa abordada em russo não pudesse responder.

Ficamos à mesa num grupo, tomando café com leite, acompanhado de saborosos *béiguele*, os bolinhos típicos de minha infância, pois, embora meus pais estivessem completamente russificados, misturavam hábitos alimentares russos e judaicos tradicionais.

Depois de uma boa prosa, acabei me despedindo e levando a melhor lembrança daquela gente.

Aliás, tive pouco depois outro contato com as minhas origens judaicas.

Havia em Roma, naqueles dias, um comércio intenso em quiosques armados em muitas ruas e praças. Parei diante de um deles para comprar cartões com vistas da cidade, pois estava colecionando cartões de toda a Itália.

Quem me atendeu foi uma jovem morena, miúda e bem magrinha, que trazia no peito uma estrela de Davi, pendendo do pescoço.

– Então, você é judia? – perguntei-lhe em meu italiano arrevesado.

Confirmou-me que sim, completamente derretida.

– Eu sou também – repliquei com ar de cumplicidade e expus em poucas palavras o meu caso, fazendo ênfase na cobra fumando, que eu trazia na ombreira.

Batemos papo durante algum tempo, e eu lhe contei que estava em descanso, depois de uns tempos muito duros de luta nas montanhas. Ela parecia radiante com aquela nova amizade e não parava de olhar aquela cobra fumando.

Eu via diante de mim um corpo bem jovem, franzino, quase diria esquálido, e me sentia afogado numa onda de comiseração dolorida.

No entanto, ela se mostrava cada vez mais loquaz e, agora, não tirava os olhos de meu rosto.

Finalmente, fui me despedindo. Pois bem, ela acabou me convidando para encontrá-la de noite na associação israelita de Roma, algo como Circolo Ebreo e que me lembrou logo o Círculo Israelita de São Paulo, uma associação em cuja sede havia um salão de baile muito frequentado pelos jovens da coletividade judaica, e que estava na origem de muitos casamentos entre famílias de minhas relações.

– Será que o de Roma tem a mesma característica? – pensei e lembrei-me de minha falta de jeito para danças.

Acabei dizendo à moça que eu tinha outro compromisso e me despedi, guardando uma lembrança boa daquela jovem mal saída da adolescência e tão marcada pelas privações que havia sofrido.

Mais tarde, em Stradella, cidadezinha do Vale do Pó, a que chegamos quando os russos já estavam lutando em Berlim, tive uma conversa com outra moça judia, com um pouco mais de vinte anos, sobre os dias terríveis em que sua família se escondia da Gestapo.

– Pense um pouco no que significa você ficar se escondendo e seu esconderijo ser denunciado por colegas de escritório. Pois foi o que aconteceu e eu nunca vou perdoar isso àquela gente.

Enfim, meus contatos com judeus em meio à população civil foram muito rápidos, mas suficientes para perceber que tudo aquilo eram apenas pequenos vislumbres de uma tragédia terrível, a cujo desfecho estávamos, então, assistindo.

8

Não dá para esquecer a população de Roma naqueles dias em dezembro de 1944. Mal nutridos, geralmente de ar sombrio, eu os via dirigindo-se para as ocupações cotidianas. Eles passavam por grandes e vistosos cartazes que lembravam o massacre das Fosse Ardeatine, durante a ocupação alemã, quando os nazistas fuzilaram 335 civis, quase todos reféns apanhados ao acaso, em represália à emboscada e morte dos soldados de uma patrulha alemã pelos *partigiani*, num bairro central de Roma. Eu via, então, homens e mulheres dirigindo-se para os pontos de ônibus, com uma obstinação de formigas.

Os veículos vinham repletos e os passageiros ficavam muito espremidos, mas não desistiam.

Todavia, não dá mesmo para esquecer é aquele cobrador que se debruçava para fora do veículo e ficava animando os que permaneciam na estação de ônibus:

– "Curagio! Curagio! Avanti c'e posto!" (Coragem! Coragem! Tem lugar na frente!).

Com efeito, a atuação daquele cobrador de ônibus, bem moreno e de ar decidido, me aparece como exemplo vivo de heroísmo, que enfrentava o desânimo geral.

9

Em dezembro de 1944, eu estava em Roma, hospedado no Forum Italico, antes denominado Forum Mussolini, e que fora construído para alojar os atletas convidados para a Olimpíada de Roma, em 1936.

Um companheiro de unidade me perguntou:

– Você já conversou com a mocinha russa que trabalha na loja de *souvenirs*?

Realmente, os nazistas haviam aprisionado nos países ocupados pessoas da população civil e as transportaram, como escravos, para trabalharem na Alemanha e países ocupados.

Pois bem, fui à lojinha e me encostei no balcão. Vi ali, atendendo a freguesia, uma loura exuberante, de uns vinte e poucos anos. Quando chegou a minha vez de ser atendido, dirigi-me a ela em russo, o que a deixou completamente perplexa.

Conversa vai, conversa vem, contou-me que os alemães a levaram para Roma e que estava esperando ansiosa a vez de ser repatriada.

A lembrança daquela mocinha russa constituiu um contraste violento, em minha memória, com a do infeliz de cujo interrogatório participei, e que acabei narrando em *Guerra em Surdina*, sendo aquele trecho o único em que deixo de lado a ficção e narro os fatos como eles realmente sucederam[51].

Aquelas páginas se referem a uma criatura aprisionada pelos nossos soldados, e que eu ajudei a interrogar, mas agora, eu tinha diante de mim uma garota sorridente e que parecia completamente identificada com o estado de coisas vigente na Rússia.

Contou-me que estava muito chocada com a mentalidade dos jovens na Itália. "Eles veem na mulher apenas um objeto de prazer, enquanto em nosso país ela é a companheira na construção de uma sociedade mais justa." Tenho certeza de que, se eu insistisse mais na conversa com ela, acabaria soltando todos os *slogans* fáceis da propaganda stalinista.

Não insisti, portanto, e depois a vi, na saída do Forum, num grupo de moças e rapazes italianos, dirigindo-se, provavelmente, a um dos lugares onde se dava alguma vazão àquele comportamento condenado por ela.

Naturalmente, não a procurei mais, pois estavam demasiado vivas em meu espírito as lembranças do trauma profundo que me havia causado o Pacto de Não-Agressão Germano-Soviético.

10

Véspera de Natal em Silla, no casarão quase às escuras, somente a Central de Tiro está iluminada. Esgueiro-me pelo corredor para o banheiro.

Na volta, paro um instante e olho uma janela. Fora, ruge a tempestade e grandes flocos de neve batem com força nas vidraças, por pouco não rompem o vidro. É a primeira neve daquele ano. E ao mesmo tempo, ouvem-se batidas de estilhaços de granada fustigando a parede do casarão. Ou seria engano? Afinal, o inimigo não soltaria os tiros de inquietação em plena tempestade.

Lembro-me de invernos em Odessa, a infância ressurge de supetão. Estou atordoado e, de repente, sinto um puxão na manga da gandola. Vejo um rapazinho louro, miúdo, cabelos quase em caracol, que me fita com seus olhos muito azuis. Dezoito a dezenove anos, não mais.

Compreendo no mesmo instante: o rapazinho é da guarnição inglesa da metralhadora antiaérea, instalada no fundo do casarão para nos proteger.

Estende-me uma vasilha de lata e insiste em que eu beba.

Agradeço por monossílabos e tomo um uísque muito saboroso. Incrível aquilo!

– "Merry Christmas! Merry Christmas!"

Eu deveria sentar-me com aquele rapaz, nem que fosse na escada, conversar um pouco, ele certamente sentiu falta do aconchego familiar e eu, com meus 27 anos, um pouco mais que meus companheiros, devo lembrar-lhe o pai, precisa de umas boas palavras, mas eu estou de alma seca, vazia. Ouço o rapaz balbuciar algo sobre o Natal em casa dos pais, em Edimburgo.

Agradeço mais uma vez, esboço um abraço e volto aos meus cálculos na Central de Tiro, a cabeça vazia, amargurado.

II

A cidadezinha chama-se Lizzano in Belvedere e fica na encosta do Belvedere, tomado há poucos dias pela 10ª

Divisão de Montanha norte-americana. Um lugar aprazível e bucólico. Nas ruas, muitos *partigiani* vestidos do jeito mais variegado, com peças de uniformes norte-americano e inglês misturadas.

Ouço um zum-zum e, dirigindo o rosto para cima, vejo algo absolutamente novo. Dezenas e dezenas de aviões aliados voando para o Norte. A formação é perfeita. Na frente o avião-capitânia, seguido pelos demais, num agrupamento triangular. Olho horrorizado aquelas máquinas infernais. Elas vão destruir cidades alemãs com eficiência impecável. Serão pilotos ingleses ou norte-americanos? Mais tarde, ficarei sabendo que eles destruíram completamente a cidade de Dresden, com vítimas entre a população civil que não seriam inferiores às provocadas pela bomba atômica em Hiroxima.

Por enquanto, não sei nada, mas sinto um arrepio de pavor ante aquela formação lá em cima, que parece imitar o voo das cegonhas.

Eu me revolto contra aquela barbaridade, cujo alcance ainda não posso avaliar. Mas, ao mesmo tempo, uma vozinha dentro de mim insiste em que eu não posso me eximir. Lembro-me, então, de Odessa, de suas avenidas e praças, mas, sobretudo, de minha prima Liússia, que lá ficou com o marido e o filhinho, e me fortaleço em meu propósito de continuar tudo.

Sim, eu tenho horror à violência (como se o cálculo de tiro fizesse parte de jogos florais), mas tenho de prosseguir em meu caminho.

12

No poema "Sobre a Morte de Jukov", que eu tive a sorte de traduzir para o português em colaboração com Nelson

Ascher (assinale-se o virtuosismo com que ele se desincumbiu dessa tarefa), Joseph Brodsky lembra o contraste entre a morte de um comandante de exércitos, o marechal Jukov, o conquistador de Berlim, "em leito branco e civil", e a morte de tantos soldados que ele comandava[52].

Pude constatar pessoalmente este contraste entre a mentalidade do homem do povo e a dos grandes cabos de guerra.

Eu tinha a melhor impressão da pessoa do comandante de nossa artilharia na Segunda Guerra Mundial, o marechal Cordeiro de Farias. Pelo menos, quando estávamos embarcando no navio-transporte, lá estava ele no portaló, apertando a mão de cada um e nos desejando sorte: foi uma recordação boa que me ficou daquele momento (nós, da artilharia, éramos cerca de quinhentos).

Mais de um ano depois, eu estava de volta ao Brasil e reintegrado em meu cargo de engenheiro-agrônomo lotado no Instituto de Ecologia e Experimentação Agrícolas, no km 47 da antiga estrada de rodagem São Paulo – Rio de Janeiro. Um dia, ficamos sabendo, pouco antes do almoço, que receberíamos a visita daquele marechal. Fui, então, apresentado a ele, que se sentou a meu lado durante a refeição.

Pois bem, aproveitei a oportunidade para informá-lo sobre a mentalidade de nossos soldados na FEB, sobre o seu culto a Getúlio, a sua descrença total no que a propaganda oficial difundia a respeito do inimigo, enfim, aquilo que eu iria abordar em *Guerra em Surdina* e em alguns artigos.

Ele não tinha ideia alguma sobre o que eu lhe estava contando e me pareceu completamente perplexo. Isto, evidentemente, não o impediu de confabular, pouco depois, com outros oficiais superiores, para a deposição de Getúlio Vargas, mas, pelo menos, ele atuou, então, com conhecimento de causa, graças àquela nossa conversa por ocasião de um almoço.

13

É sempre com muito carinho que recordo um casal de idosos, amigos meus, italianos, com quem eu ficava conversando, noite adentro, durante nossa estada em Bellavista, pertinho de Porretta Terme. Aliás, acredito que não tivessem muita idade, talvez cerca de sessenta anos, mas as privações que haviam sofrido os deixaram marcados.

Lembro-me da gratidão que aquele homem tão curtido expressava por termos chegado à Itália, "questa bruta Italia" (esta selvagem Itália), a fim de livrá-la do fascismo.

É verdade que, nas mesma casinhola, estava abrigada uma francesa, mãe de duas crianças, que dizia: "Agora eles estão aí, chamando vocês de *buoni, bravi*, mas deviam ver como se desmanchavam perante os soldados alemães, alojados nestas mesmas casinholas"[53].

Não, a voz de meu idoso italiano me fala mais forte. E também a de sua companheira. Lembro-me, por exemplo, de como esta ficava impressionada vendo algum soldado nosso esquentar um camburão d'água para se lavar.

– Eu não compreendo, – dizia ela, – vocês vêm de um país tão quente e estão sempre se lavando!

Falei-lhe, então, de uma tradição que vem dos índios, se não me engano, e está entranhada em nosso povo.

Enfim, havia muito assunto para nossos papos à noitinha, enquanto ouvíamos o zunir das granadas sobre aqueles casebres de Bellavista.

14

Sentados no caminhão da Central de Tiro, no início da ofensiva para o Vale do Pó, vemos passar lugares que só conhecíamos de nome ou pelo mapa. Lá ficou Gagio Montano, com os restos da igrejinha no alto do morro escarpado.

Passamos por morteiros nossos atirando. Depois, numa curva de estrada, o corpo de um brasileiro da infantaria agarrado ao barranco, as mãos crispadas.

O caminhão avança, e o que nós vemos agora são cadáveres de cavalos que os alemães certamente usaram no transporte de cargas. A cabeça entre as patas, lá ficou um bonito alazão.

Vontade de sumir embaixo da terra!

15

O filme *Roma, Cidade Aberta*, dirigido por Roberto Rossellini, me deixou profunda impressão, a ponto de eu recordá-lo até hoje, como se tivesse vivido pessoalmente os fatos ali narrados.

Depois, ouvi meu tio Isaac, irmão de meu pai, fazer comentários desfavoráveis e insistir: "Certamente, ele exagera, é uma fantasia, eu não acredito na tão apregoada resistência dos italianos ao fascismo."

Ora, eu que tinha visto *partigiani* lutando a nosso lado, ia ouvindo aquilo e não adiantava replicar: a opinião a respeito de algo que eu tinha presenciado acabava prevalecendo sobre o fato real. Não teria isto acontecido mais de uma vez em relação a acontecimentos históricos?

16

Pouco depois da guerra, eu estava em São Paulo e fui convidado pelos meus primos Jaques e Pedro Pasternak e minha tia Tzília a ir assistir ao filme *The Best Days of Our Lives* (Os Melhores Anos de Nossas Vidas), dirigido por William Wyler, que trata da readaptação de soldados norte-americanos à vida civil. Ficamos muito impressionados. Aliás, qualquer referência à Segunda Guerra Mundial era muito dolorosa naquele núcleo familiar, pois a irmã de ambos, Liússia, fora morta ao lado do marido e do filho, de treze, quatorze anos, creio, quando os alemães afundaram um navio repleto de fugitivos de Odessa, que acabava de ser tomada pelo exército romeno, aliado dos nazistas e cujo domínio não se diferençava das abominações nas cidades ocupadas pelos alemães.

Lembro-me de que meu primo Jaques observou então: "No Brasil, tivemos situações semelhantes com os ex-combatentes." Mas os demais protestaram: "Não! A situação é muito diferente!" Aliás, não compreendi muito bem por que a situação era tão diferente. Provavelmente queriam dizer que não dava para comparar a nossa guerra com aquela que os ianques enfrentaram. No entanto, só fiquei mais quieto e encolhido.

Lembrei-me, então, de um conhecido de meu pai, judeu, residente em Buenos Aires, e que disse uma vez: "Sim, eu sei, vocês foram enviados à Itália, mas, vamos e venhamos, eram uma tropa de ocupação." Não adiantava discutir, argumentar, o homem estava absolutamente convencido do que dizia: Mas pior foi o comentário de meu pai, mais tarde:

– Ora, eles não enviaram sequer uma tropa de ocupação.

Era uma discussão boba e não adiantava intervir e narrar mais uma vez minha experiência pessoal. Eles não compreendiam nada.

Isto me lembrou um funcionário da embaixada soviética no Rio de Janeiro, que me encontrou uma vez na rua e me disse:

– Seu pai me contou: vocês na Itália iam passar o tempo num hotel de veraneio, na praia.

Era ao que ficava reduzido o episódio doloroso de nossa "escapada" num carro-comando subtraído da garagem do comandante (substituto do tenente-coronel Da Camino e recém-chegado do Brasil num rodízio de oficiais, no final da guerra) e com o qual pretendíamos ir a França, mas não conseguimos. Encontramos na estrada multidões de *sfolati* (refugiados), com mulheres esquálidas carregando crianças de colo e que não tínhamos condições de atender. Sob o sol inclemente, elas estendiam em nossa direção aquelas crianças magrinhas, implorando que as transportássemos. Aliás, acabamos submergidos pela multidão de miseráveis, conforme deixei narrado em outro lugar[54]. Alguém invejará a nossa sorte, então?

No que se refere ao hotel que deixara meu pai impressionado, ele de fato existiu. Era um prediozinho térreo, praticamente abandonado, cujo proprietário conseguiu para nós, como única mordomia, uns lençóis esfarrapados, que ele mesmo foi estender nas camas. No dia seguinte nos despedimos sem sequer um café como desjejum.

Enfim, quando recordamos aqueles dias, aparecem-me visões sinistras em profusão.

Felizmente, nossa ousada aventura não trouxe nenhuma consequência desagradável, pois o comandante da unidade, que substituíra o coronel Da Camino, tinha algum peso na consciência: não fora à toa que uma noite ouvimos risos abafados vindos de seu carro-comando (o mesmo com que iríamos até a fronteira francesa), onde ele havia se aboletado em companhia da mulher que passara o dia, acompanhada de seu companheiro italiano, moreno e magricela, saltitando de uma a outra das nossas mantas estendidas no chão, sem que um praça sequer estendesse a mão para o seu corpo.

Depois disso, como fazer estardalhaço em torno de nossa aventura, que levou dois dias ao todo?

Enfim, o meu costume de ver o lado humano em tudo complica até hoje a lembrança daquele episódio na aparência tão ameno.

17

Na década de 1940, a editora Vecchi ficava num casarão de quatro ou cinco andares, numa das ruas que se sucedem entre a Lapa e o Largo de São Francisco, no Rio de Janeiro. Quem passava na rua ouvia, então, o ruído dos linotipos e sentia o cheiro nauseante do óleo das máquinas. No interior, havia um vasto recinto com as impressoras. As saletas do escritório ficavam nas laterais desse recinto, distribuídas pelos andares do prédio.

A primeira vez que fui ali oferecer meus préstimos, quem me atendeu foi o administrador da editora, sr. Carballo, um espanhol moreno, que me recebeu em mangas de camisa, a gravata pendendo no espaldar e frequentemente amassada com seus movimentos na cadeira. Era, sem dúvida, um refugiado da Guerra Civil espanhola.

Fiquei então impressionado com suas maneiras simples e afáveis, sua prosa suculenta, em que entravam, com frequência, termos castelhanos, acompanhada de um riso franco e que parecia feliz.

Ofereci-me para reelaborar a edição da trilogia autobiográfica de Górki, que eu havia comparado com o original, constatando muitas omissões. O sr. Carballo me replicou que isso lhes interessava muito, mas que ele tinha para mim, no momento, um trabalho diferente. Depois de me submeter a um teste, que foi a tradução de uma página, e pelo qual passei a contento, apresentou-me a um rapaz alto e magro, chamado Orlando, e que era o revisor da editora. Impressionou-me seu ar severo, que parecia harmonizar-se plenamente com a função, pois era um revisor severíssimo, que uniformizava todos os textos com um modelo neoclássico. Assim, os livros da editora acabavam tendo um ar de família, severo e castiço, embora muitas vezes se tratasse de textos que deram origem a filmes famosos, frequentemente do tipo *noir*.

Mais tarde, o sr. Carballo me segredaria que aquele sr. Orlando era fanático por saltos em paraquedas e exercia esta atividade em suas folgas. Tinha feito o curso na Escola Militar, mas fora eliminado sob a alegação de que não tinha aptidão para a vida militar, o que ele parecia desmentir a cada passo com os seus modos angulosos e a fala sucinta e incisiva de quem está dando ordens, além do aperto de mão bem vigoroso.

Depois de algumas idas e vindas entre Copacabana e aquele casarão quase diria sinistro, fui encarregado da tradução de *Os Irmãos Karamázov*, de Dostoiévski, que eu lia, então, pela primeira vez e cujo texto me deixou fascinado.

Quando eu estava para ser embarcado no navio-transporte, fui me despedir dos meus novos colegas de editora. O sr. Carballo me levou, então, ao escritório de seu patrão, sr. Vecchi, um moreno baixo e atarracado, que me recebeu muito risonho e de ar brincalhão, com uma prosa entremeada de expressões italianas.

– Que estranho! – dizia – Os seus pais vieram da Europa fugindo da Revolução, e você está indo à guerra para defendê-la.

Não adiantou nada eu argumentar contra esta visão dos acontecimentos. O homem estava completamente convicto do que dizia.

Passaram-se os meses de minha campanha na Itália e eis-me de volta ao casarão daquela rua perto do largo de São Francisco, sentindo o mesmo cheiro agressivo do óleo das máquinas. Novamente o sr. Carballo, agora mais grisalho, me conduziu à presença do chefão, mas este não voltou àquelas lucubrações ridículas sobre a Revolução Russa. Agora, sua grande preocupação era a revista de foto-histórias *Grande Hotel*, que a editora estava publicando e era a coqueluche do momento. O sr. Vecchi ficou brandindo a revista com entusiasmo, derramando-se em elogios aos textos.

Depois, conversamos com o sr. Orlando e fiquei sabendo que as atividades da editora estavam concentradas quase totalmente naquela revista e cada um dos empregados se encarregava de uma parte do vasto consultório sentimental da publicação.

Não tendo o que fazer naquele ambiente, eu me despedi e só voltaria meses depois, para encarregar-me de umas poucas traduções, relacionadas sempre com filmes em cartaz.

Quanto à autobiografia de Górki, em três livros notáveis e bem diferentes entre si, acabei efetuando o cotejo e traduzindo os trechos que faltavam, mas tudo aquilo se extraviou na editora.

Notas

1. Além das páginas escritas agora, quando estou com 96 anos, incluí no livro, com alterações, alguns textos que publiquei na imprensa, além daquele que escrevi para o volume dedicado a Rubem Braga, dos *Cadernos de Literatura Brasileira*, São Paulo: Instituto Moreira Sales, 2011.

2. E. Géruzez, *Histoire de la littérature française depuis ses origines jusqu'à la Révolution*, Paris: Librairie Académique Didier, 1878.

3. B. Schnaiderman, *Guerra em Surdina*, 4. ed., São Paulo: Cosac-Naify, 2004.

4. Quando voltei da guerra, ele se havia fundido com o Instituto de Experimentação Agrícola, dando origem ao Instituto de Ecologia e Experimentação Agrícolas.

5. Cf. Baixando a Cabeça, infra.

6. Muitos deles podem ser vistos em Carlos Scliar, *Caderno de Guerra*, São Paulo: Pinacoteca do Estado de São Paulo, 1995.

7. Texto ligeiramente ampliado de meu prefácio a G. Bolaffi, *O Legado de Renata*, São Paulo, Perspectiva, 2006.

8. Ibidem, p. 284.

9. Ibidem, p. 293.

10. César Campiani Maximiano, *Trincheiras da Memória: Brasileiros na Campanha da Itália, 1944-1945*, São Paulo: USP, 2004. Depois da publicação do livro de Gabriel Bolaffi, saiu a versão retrabalhada da tese em questão: *Barbudos, Sujos e Fatigados: Soldados Brasileiros na Segunda Guerra Mundial*, São Paulo: Grua, 2010.

11. Texto publicado em *Tradução, Ato Desmedido* (São Paulo: Perspectiva, 2011). (N. da E.)

12. Hannah Arendt, *Eichmann em Jerusalém*, São Paulo: Companhia das Letras, 2004.

13. Em relação a castelos, a *Enciclopédia Britânica* (edição de 1995) afirma que se trata de edifício medieval, propriedade de um nobre e senhor de domínio territorial, mas acrescenta que o termo também se aplica a mansões principescas em geral.

13. Já o *Aurélio* é mais restritivo e define o castelo como "residência senhorial ou real fortificada" e também como "praça forte, com muralhas, fosso, barbacã etc., fortaleza".

Por conseguinte, a *Britânica* me permite chamar de castelo a edificação de que estou tratando, enquanto o *Aurélio* o desautoriza.

Mas, em apoio da minha descrição, devo dizer: se a fachada do prédio parecia uma construção do século xvii, ao mesmo tempo, com suas rampas e desvãos, o interior do prédio se assemelhava muito ao dos castelos que depois eu teria oportunidade de visitar na região do Loire, na França.

14. Alphonse Daudet, *Le Petit chose*, Paris: Le Livre de Poche, 1983, p. 136 e s.

15. Barreiras do Obscurantismo, *O Estado de S.Paulo*, 19 jan. 1963, Suplemento Literário.

16. Texto ligeiramente ampliado de uma carta que encaminhei à redação do *Jornal da Tarde*, São Paulo, 1º. set. 1980.

17. As reportagens foram reunidas em Joel Silveira, *As Duas Guerras da* feb, Rio de Janeiro: Idade Nova, 1965.

18. Publicado na *Folha de S.Paulo*, 2 jun. de 1985. Na ocasião, o livro de William Waack estava provocando movimentos de protesto da parte das associações de ex-combatentes em diversas cidades brasileiras.

19. W. Waack, *As Duas Faces da Glória: A* feb *Vista Pelos Seus Aliados e Inimigos*, Rio de Janeiro: Nova Fronteira, 1985.

20. Joel Silveira, *As Duas Guerras da* feb, Rio de Janeiro: Idade Nova, 1965.

21. W. Waack, op. cit., p. 46.

22. Ibidem, p. 55.

23. Ibidem, p. 94.

24. Conjunto das forças armadas da Alemanha nazista.

25. Ibidem, p. 221.

26. Ibidem, p. 175.

27. B. Schnaiderman, *Projeções: Rússia-Brasil-Itália*, São Paulo: Perspectiva, 1977.

28. "Aos puros filhos da montanha áspera e do vale, tombados em face do inimigo, na grande guerra libertadora, para que resplandeça pelos séculos a santidade da nova Itália vitoriosa."

29. "Em 5 de outubro de 1947, como outrora, num dia distante de 1863, sob os auspícios das liberdades reconquistadas, o povo de Porretta,

exultante, tornou a ouvir o fragor das rodas sonoras, que as paixões desenfreadas no flagelo imenso haviam detido."

30. "Em memória dos jovens desta Universidade, que em terra distante lutaram e morreram, iluminando com a coragem o seu sacrifício e a história dolorosa de nossa pátria 1935 – 1938".

31. "Jovens, que pela pátria exalastes as vossas vidas, obedientes às leis da feroz guerra, Aquele que numera os fios de erva, Aquele que nomeia as estrelas, não esquecerá jamais os vossos nomes, mas a prole dos homens, que não aprende com a experiência, não sabe qual sangue é o vosso, nem de que pranto de mãe goteja a história, e recalca as pegadas dos seus próprios erros. Quando reinará sobre as nossas casas, pura de massacres, a Paz?"

32. "II Zona de Limpeza de Campos Minados / Subzona de Bolonha / Desta praça partiram, sem / regressar, os mineiros."

33. "E por eles torna a florir a terra."

34. O texto saiu publicado em julho de 1982, na revista *Shalom*, editada em São Paulo pela coletividade israelita e de cujo conselho editorial eu fazia parte. Ele resultou de minha perplexidade ante a reação de argentinos radicados em São Paulo. Eles fugiam da repressão violenta em seu país e, ao mesmo tempo, aprovavam (quase todos) o desembarque de tropas argentinas nas Ilhas Malvinas e a guerra contra a Inglaterra.

35. Já escrevi sobre isso em B. Schnaiderman, *Guerra em Surdina*, 4. ed. São Paulo: Cosac Naify, 2004, p. 181-191.

36. *Nossa História*, v. 2, n. 15, jan. 2005, O Brasil foi à Guerra.

37. J. Silveira, A Paz Abriu o Caminho da FEB, *Segunda Guerra Mundial: Todos Erraram, Inclusive a FEB*, Rio de Janeiro: Espaço e Tempo, 1989.

38. No livro coletivo Osvaldo Coggiola (org.), *Segunda Guerra Mundial: Um Balanço Histórico*, São Paulo: Xamã / FFLCH-USP, 1995.

39. Este texto foi refundido no livro *Barbudos, Sujos e Fatigados: Soldados Brasileiros na Segunda Guerra Mundial*, São Paulo: Grua, 2010.

40. Curitiba, edição do autor, 1984.

41. Tese de Doutorado, Departamento de História, São Paulo, USP, 2003. Reelaborado, este livro foi também reeditado pela Universidade Estadual de Londrina em 2012.

42. Agradeço ao Instituto Moreira Sales a autorização para reproduzir neste livro o meu texto incluído no volume dos *Cadernos de Literatura Brasileira*, dedicado a Rubem Braga.

43. Há um depoimento escrito por ele sobre esse período, publicado em 1967, no *Livro de Cabeceira*, revista da Editora Civilização Brasileira, do Rio de Janeiro, com a transcrição desse texto ver Marco Antonio de Carvalho, *Rubem Braga: Um Cigano Fazendeiro do Ar*, Porto Alegre: Globo, 2007.

44. R. Braga, *Com a* FEB *na Itália*, Rio de Janeiro: Zelio Valverde, 1945.

45. Cf. R. Braga, Uma Certa Americana, *Crônicas da Guerra da Itália*, Rio de Janeiro: Editora do Autor, 1964.

46. Ver supra, p. 101, nota 24.

47. Parece-me que a referência ao Google dispensa qualquer especificação.

48. Sobretudo em passagens de seus livros *Tempo Espanhol* (poesia) e *Espaço Espanhol* (prosa), respectivamente nas páginas 575-621 e 1119-1192, publicados em Murilo Mendes, *Poesia Completa e Prosa*. Rio de Janeiro: Nova Aguilar, 1994.

49. Quando voltei da guerra, tinha havido fusão de duas instituições e eu passei a trabalhar no Instituto de Ecologia e Experimentação Agrícolas.

50. Girolamo Azzi, *Ecologia Agraria*, Caracas: Elite, 1947. Por iniciativa do Ministerio de Agricultura y Cria de la Republica de Venezuela.

51. Cf. B. Schnaiderman, *Guerra em Surdina*, São Paulo: Cosac Naify, 2004, p. 225-229.

52. Cf. B. Schnaiderman, *Tradução, Ato Desmedido*, São Paulo: Perspectiva, 2011, p. 61.

53. Cheguei a dar-lhe voz em B. Schnaiderman, *Guerra em Surdina*, p. 181-184.

54. Cf. B. Schnaiderman, *Guerra em Surdina*, p. 202-213.

17. Álbum de Retratos

Foto do autor para o quadro de formatura dos agrônomos diplomados pela Escola Nacional de Agronomia em 1940.

Despedida dos recrutas de 1942, no quartel do 2º Grupo do 1º Regimento de Artilharia Autorrebocado, que daria origem ao 2º Grupo de Artilharia da FEB. O autor é o quarto na terceira fileira em pé, de baixo para cima e da direita para a esquerda.

Os formados em 1942 pelo Curso de Sargentos do 2º Grupo do 1º Regimento de Artilharia Autorrebocado. O autor é o primeiro da direita para a esquerda, na primeira fileira em pé, de baixo para cima.

(acima e na página anterior) Em Camaiore, primeira cidade ocupada pela FEB, na Itália.

Este é cabo Anselmo. Não aquele cujo nome se tornou sinônimo de traição, pois denunciou companheiros seus de revolta, em 1964, às centenas, inclusive sua namorada, mas o cabo Anselmo, bom companheiro, sempre alegre, mesmo nas horas mais difíceis, sempre com uma boa palavra para cada um.
Lembro-me do cabo Anselmo em suas passagens pelo PC (Posto de Comando) do Grupo, bem risonho, mesmo nas situações mais difíceis. Sua risada franca nos acompanhou nos piores momentos. Depois da guerra, alistou-se na polícia militar do estado do Rio, sendo morto, pouco depois, por bandidos na Baixada Fluminense.

A caminho de nossa primeira posição na linha de frente, passamos de manhã pela cidade de Pisa, recém-ocupada pelos norte-americanos. Poderia haver algo mais desolador? Uma sucessão de ruas vazias em silêncio, com destacamentos em uniforme cáqui vasculhando casas, ora aqui, ora ali, ônibus e bondes consumidos pelas chamas, alguns com a cumeeira extraviada.

E, sobretudo, destroços e mais destroços, dos quais vinha um cheiro nauseante: cadáveres em decomposição.

Junto a esses destroços, magnífico e sobranceiro, um conjunto de edifícios: a catedral, o batistério, atingido por uma bomba que danificou o afresco de Orcagna, *Il trionfo dela morte*, e a famosa torre inclinada. Depois, mais destroços, um mundo em desagregação.

Esta sucessão de ruínas haveria de acompanhar-nos em toda a progressão pelas terras da Itália. "Será que viemos até aqui para recolher esses despojos? Não será outro o destino de nossa civilização?"

Na foto, uma das cidades destruídas que atravessamos.

Em Pistoia, dezembro de 1944.

Outra foto na mesma ocasião, uma escapada autorizada pelo capitão-comandante da Central de Tiro.

Apareço com o rosto inchado de frio, pois tinha atravessado a Serra de Pistoia sobre a carroceria de um caminhão, onde sofri o impacto de chuva e vento.

Depois de tirar os retratos, meu companheiro de excursão insistiu para que fôssemos assistir a um filme documentário soviético: mais imagens de guerra e destruição.

A fila do rancho em Silla. Se uma granada caía perto, todos se atiravam ao chão e, depois, cada um retomava seu lugar.

O caminhão da Central de Tiro atravessa o *fiume* Panaro, afluente do Pó. Embora já fosse início de primavera, o volume de água era ainda insuficiente para impedir a passagem dos veículos.

Junto a um canhão tomado do inimigo. Apareço na primeira fileira, o terceiro, a partir da direita.

O navio-transporte norte-americano, que nos levou de volta ao Rio de Janeiro, quando entrava na baía de Guanabara, numa foto tirada por meu pai.

Alguns companheiros da bateria-comando.

No verso deste retrato, escrevi, em 18 de junho de 1948: "Apesar das aparências, eu não sou de briga, não. Este retrato foi tirado numa outra encarnação: dois dias depois de acabada a guerra, na cidadezinha italiana de Stradella. Felizmente, eu não sou assim."

Os textos abaixo relacionados, que fazem parte desta edição, foram originalmente publicados em:

- Legados da Ficção e da Memória: BOLAFFI. Gabriel. *O Legado de Renata*. São Paulo: Perspectiva, 2006 (Prefácio) ▪ No Limiar da Palavra: SCHNAIDERMAN, Boris. *Tradução, Ato Desmedido*. São Paulo: Perspectiva, 2011 (p. 75-77). ▪ Um Enigma da História: *Revista* USP. São Paulo: EDUSP, 2010 (nº 87, set-nov 2010, p. 198-201) ▪ Quantas Faces Tem a Glória?: *Folha de São Paulo*, São Paulo, 02 de maio de 1985.▪ O Que Fizeram de Nossa Vitória?: *Jornal da Tarde*. São Paulo, 01 de setembro de 1980▪ Caminhos da Paixão, Caminhos da Dúvida: *Shalom*. São Paulo, julho de 1982.▪ Caderno Italiano: 1ª parte – *O Estado de São Paulo*. São Paulo, 01 de outubro de 1966; 2ª parte –*Projeções*: Rússia / Brasil / Itália. São Paulo: Perspectiva, 1977.▪ Verdades Que Doem: *O Estado de São Paulo* (com o título "Verdades e vergonhas"). São Paulo, 06 de fevereiro de 2005▪ No Cerne do Humano: *Cadernos de Literatura Brasileira* (com o título geral "Doutor Rubis"). São Paulo: Instituto Moreira Sales, 2011. (Número dedicado a Rubem Braga, p. 30-35).▪ 1º de Setembro de 1939: *Folha de São Paulo*. São Paulo, 27 de agosto de 1989.

Coleção Paralelos

Rei de Carne e Osso, Mosché Schamir

A Baleia Mareada, Ephraim Kishon

Salvação, Scholem Asch

Adaptação do Funcionário Ruam, Mauro Chaves

Golias Injustiçado, Ephraim Kishon

Equus, Peter Shaffer

As Lendas do Povo Judeu, Bin Gorion

A Fonte de Judá, Bin Gorion

Deformação, Vera Albers

Almas em Fogo, Elie Wiesel

Morangos com Chantilly, Amália Zeitel

Satã em Gorai, Isaac Bashevis Singer

O Golem, Isaac Bashevis Singer

Contos de Amor, Sch. I. Agnon

As Histórias do Rabi Nakhma, Martin Buber

Trilogia das Buscas, Carlos Frydman

Uma História Simples, Sch. I. Agnon

A Lenda do Baal Schem, Martin Buber

Anatol "On the Road", Nanci Fernandes e J. Guinsburg (org.)

O Legado de Renata, Gabriel Bolaffi

Odete Inventa o Mar, Sônia Machado de Azevedo

O Nono Mês, Giselda Leirner

Tehiru, Ili Gorlizki

Alteridade, Memória e Narrativa, Antonio Pereira de Bezerra

Expedição ao Inverno, Aaron Appelfeld

Caderno Italiano, Boris Schnaiderman

Este livro foi impresso na cidade de São Paulo,
nas oficinas da Orgrafic Gráfica e Editora, em novembro de 2015,
para a Editora Perspectiva.